ミラーニューロンの彼方へ！

支配からの解放

大嶋 信頼

SIBAA BOOKS《シバブックス》

第1章　アメリカ留学

第3章　独立する　187

第4章　心と出会う　213

第1章　アメリカ留学

聞いているふりしかできない

「アメリカに留学して心理学の勉強をする」と言って家から飛び出したが、アメリカで英語学校に通ってもちっとも英語は上達しなかった。なぜなら、いつも「勉強しているふり」をしていたから。教科書を読んでも、授業を聞いても、ちっとも頭に入ってこない。授業は「聞いているふり」だけ。

ちゃんと集中しなくてはと思うのだが、すぐに周りが気になってしまう。斜め前のヤツのデカイ態度が気になって「こいつは教師に対する尊敬心がない」とか「こいつは俺のことをバカにしている」とか思うと、過去の嫌だったことが次から次へと思い出されて、授業の内容がまったく頭に入らないまま終わり絶望感にさいなまれる。このまま勉強もできずに惨めな人生を歩むのか、とホームレスになった自分の姿を想像し、どん底の気分になる。

キリスト教の家庭で育ったから、このまま人生を終わらせるなんてことも不可能。「このまま罪深い自分が死ぬと永遠の地獄に落ちる」という恐怖があった。「人生を終わらせる」こともできないのだから、これから先、自分の罪を償い、苦しみながら生きることがなんとなくわかっていた。

「自分の罪」はムカついて人のことを憎んでしまうこと。過去にいじめたヤツらのことを忘れられずに憎んでしまうこと。そして嫌なことをグルグル考えて苦しくなってしまうと、今度はそこから逃れるために「性的妄想に逃げてしまう！」こと。このままでは永遠の地獄行きだと確信していた。いっそのこと牧師になろうと考えた。それ以外、自分の罪から逃れる方法がないから。

そんなことを考えていたら「あなた、英語能力の測定テストで間違って大学に入れるレベルの点数がとれちゃったわよ！」と私を厄介払いしたかった英語学校の先生が私のところに飛んできた。そして「今のうちにこの点数を持って大学に入学しちゃいなさい！」と証明書を渡された。

本当は普通に心理学を勉強したかったのだが、牧師になるために宣教師の子供たちが行く大学に入学して、そこで心理学の授業を受けていた。

まもなく１００周年を迎える校舎は古びていた。「なんでこんなオンボロな校舎にいるんだろう？」と心の中で文句を言っていた。入学できたときは飛び上がって喜んだくせに、すぐに慣れて文句しか出てこなくなるのも私の罪深さの一つである。

心理学の授業は大学で一番大きな教室で行われ、生徒は70人もいた。教授が不機嫌そうに入ってきて、いきなり「新入生で心理学部を希望した者は２００名だが、卒業するときはこれが10名になる」と嫌味ったらしく言った。

私は他人事のようにそれを聞き流していた。「私は宗教学が専門だもん！」と心の中で言い訳をして。子供の頃から「あんたはいつも言い訳をする！」と怒られていた。

本当は心理学を勉強したいが、そんなに難しいのなら余計に「宗教学でいいや！」と逃げてしまっていた。実際、心理学の授業は難しかった。教科書を読もうにもまったくわからない。そもそも英語能力が大学入学レベルに達していなかったのだから当然である。あー、やっぱり自分には無理なのかもしれない……。惨めだった。

すべて演じているから中身がない

リア王を演じる役者のようなモートン教授が「ショックなことが起きた時の感情の仕組み」について講義をしていた。「ショックな出来事の後には、怒りや恐れ、そして悲しみが湧いてくる」と言ったとき、隣の席の体育会系モテモテ男が「ハイ！」と手を挙げた。

モートン教授はめんどうくさそうに「何か？」とそのモテモテ男を指す。するとモテモテ男は、椅子にふんぞり返って足を伸ばしたまま「俺たち、最近、ジープでドライブをしている時に、ジープが横転して、みんなが車から投げ出されてしまったんだけど、その直後にみんなで大笑いをしてしまったから、怒りや恐怖だけじゃないと思うんだけど、それってどういう仕組みなの？」と自慢げに質問をした。

このモテモテ男は金髪でかっこいい。金髪の美しい女性がキラキラした目でモテモテ男を見ていた。モートン教授は「まあ、そんなこともあるかもしれないね」とスルーした。私はモテモテ男がすごく羨ましく、モートン教授がなぜスルーしたのかわからなかった。

次の週、私はちょっと迷いながらモテモテ男がいた後ろの席ではなくて、前の席に座った。後ろの席は勉強ができない人が座ると気づいたから。

真剣に話を聞くふりをした。モートン教授がしゃがれた声で「感情と脳の関係」について語るのに合わせて、ちっともわかっていないのに「うん！　うん！」とうなずいていた。私はいつも相手が望んでいるような自分を演じてしまう。

予習で教科書を一生懸命に読んで、マーカーだらけになっているのに、まったく内容がわからず、モートン教授のお話を聞いてもチンプンカンプン。それでも「うん、うん」とわかったふりをしてうなずくバカみたいな私。こんな自分じゃダメだとわかっているのに、変わることができず、中身がないままここにきてしまった。

心理学の前半のテストが終わったとき、モートン教授が嬉しそうに「はい！　後ろを振り返ってごらん！」と言った。あんなに人がいっぱいだった教室の後ろ半分がガランと空いていた。

そこにはあのジープで横転のモテモテ男も、それを見守る金髪の可愛い子の姿もなかった。いつも教授のことだけを見て「うん、うん」と聞いているふりをしていたので、後ろの席に注意を払ってこなかった。いつのまにか、彼らは消えていき、教授は満足そうな顔をされていた。

ほらね、２００人入っても卒業できるのは10人以下だから、と嬉しそうにつぶやいた。自分だけが「聞いているふりをしていて中身は空っぽ」だと思っていたけど、もしかしてみんなも同じことを感じていて、そして消えていったのかもしれない。

あのモテモテ男は、外国人である私のことをまるで虫けらを見るような目で見ていた。外国人の私に話しかけたらダサい人間に見られてしまう、と思っているかのように見えていた。金髪の可愛い子も初日は話しかけてくれたが、英語が喋れないことがわかると、私のことなどまったく眼中にない感じになった。

教室に残っていたのは、私に話しかけてくれて、ノートを貸してくれて、私が理解していないところを放課後に教えてくれる人たちだった。

もし、私がアメリカ人として生まれ育っていたら、どっちの立場になっているのだろう？　もし私があのモテモテ男だったら、日本から来た外国人である私をどのような目で見るのだろう？　やっぱり、女の子の視線だけを気にして無視をするのだろうか？　そんなことを考えていると、日本にいた時のことが思い出されてきた。

私は優しい演技をするが、まったく感情が伴っていなかった。人に親切にしている時も「演じているだけ」とはっきりわかっていた。心の中がドライで爛《ただ》れているような感覚。怒り、憎しみ、恨み、そして惨めさと絶望が渦巻いていて、そのほかの感情がまったく湧いてこない。だから、モテモテ男のように仲間を作ることもできないし、思いやりを持って接してくれる心理学教室の子たちのように優しくもなれない。すべてが中途半端でそこから変わることができないダメ人間がここにいるのだけど、その正体は誰にもわからない。

それでも、中途半端で何も感じられない、空っぽな私の中に「この授業だけは、そしてこの学校だけはクリアして卒業してやる！」という野望が湧いてきていた。

小さな手が渡してくれたもの

心理学を英語で勉強する能力はまったくなかった。それは、English101という授業で自覚した。日本でいう国語である。この授業で落第点をとると退学させられるという噂話が女の子たちから聞こえてくる。心のなかで「やばい！」と固まり、涙目になって打ち震えて何も考えられなくなってしまう。

心理学で手一杯で、English101の勉強に費やす時間がとれない。「心理学の教科書も英語だから、English101の勉強になっている」と自分の中で言い訳をしながら、English101の教科書は放ったらかしにしてあった。

English101のノイマン教授は気さくな人で楽しく授業を進めてくれるが、それでも私は「聞いているふり」のままだった。ノイマン教授は20人いた生徒の中で私だけが白人でなかったので気に留めてくれ、私のために優しく授業を進めてくれていた。それでも私は心理学の教科書ばかり予習復習して、English101の教科書を開くことをしなかった。

ノイマン教授から中間テストを返されて目の前が真っ暗になる。その点数を見て私は能面のような顔になった。

ノイマン教授が「大嶋さん、大丈夫ですか？」と声をかけてくれた。私は涙目になりそうになって「大丈夫です」と、やっとの事で言葉を返した。

授業が終わると、ノイマン教授から「大嶋さん、私のオフィスに来てくれませんか？」と呼び出された。

「大嶋さんは宗教学が専攻と書いてあったのですが、そうなんですか？」と鋭い質問をされた。

キリスト教の学校なので「宗教学」と答えておけば、外国人の私に対してちょっとは大目に見てくれるかもしれなかった。ここで「はい、宗教学です」と答えれば、この場は軽い世間話で済むことはわかっていた。でも、なぜか私は「本当は宗教学じゃなくて心理学を勉強したいんです」と答えた。

ノイマン教授がその広い額に手を当てた。私の頭の中で「あちゃ～！」という効果音が響いてくる。

ノイマン教授は、意を決したように言った。

「大嶋さん、宗教学だったらEnglish101の成績はCでも通用するかもしれませんが、心理学だったら最低でもBは必要になります」

私は、今にも泣き出しそうな気分になる。

「じゃあ、大嶋さん、日曜日に私のうちに来て、昼食を一緒にしませんか？」とノイマン教授。

説教されると思っていたのに、肩透かしをされた。

日曜日、ノイマン教授宅を訪ねると笑顔で迎えてくれ、若い奥さんと赤ちゃんを紹介してくれた。家の中には、私の他にも何人かの生徒がいた。みな賢そうな子で、落ちこぼれは私だけだと思った。

みんな私に気を使って話題を振ってくれるが、英語がまともに喋れないので話が続かず、私はますます焦っていた。

そんな時に、赤ちゃんが「わーん！」と泣き始めた。奥さんが一生懸命にあやすが、泣き止まなくて、ノイマン教授がちょっと困った顔になった。私は思わず「私にやらせてみてください」と言った。

それまで赤ちゃんをあやしたことは一度もなかった。私は、赤ちゃんの呼吸のペースに合わせ、赤ちゃんを抱えてゆりかごのように揺らす。泣いている赤ちゃんの呼吸は結構早かった。

呼吸に合わせて揺らしてあげると、やがてその揺れがゆっくりになってきて、泣き止み、そして、私の顔を見て「キャッキャ！」とはしゃぐようになった。

私の腕の中で赤ちゃんが手を伸ばして、私の顔をつかもうとする。つかもうとしていたのが私の顔じゃなくてネクタイであったことが次の瞬間にわかる。赤ちゃんは、私の日曜日用のネクタイをしっかりとつかんで、それを「バウ！」と言いながら口に含んでよだれだらけにして、私にニッコリ微笑む。

教授が慌てて「大嶋さんのネクタイが汚れちゃうじゃないか！」と気を使ってくれたが、私は「大丈夫！」と教授に伝えて、赤ちゃんがしたいようにネクタイで遊ばせてあげていた。赤ちゃんの呼吸に合わせて揺らしてあげると、赤ちゃんは嬉しそうに声を上げながら涎だらけになったネクタイで遊んでいる。

どれだけ時間が経ったのだろう？

ふっと顔を上げると、ノイマン教授夫妻も学生たちも、これまでに見たことのない眼差しで私を見ていた。くすぐったいような視線。言葉が通じなくても、「うん」とうなずくと通じるあの感覚。ふっと赤ちゃんを見ると、私をじっと見つめていて、その目は「これでいいんでしょ！」と言っている感じがした。

いつのまにか夕方になり、帰るときに、奥さんが私から赤ちゃんを受けとろうとしたら「うんぎゃ～！」と泣き出して、私の手を一生懸命につかもうとするポーズまでしてくれる。

私は心の中で赤ちゃんに「いや、そこまでしていただかなくても大丈夫ですから」とこれまでのことを感謝しながら、泣いている赤ちゃんを抱える教授夫妻に手を振り、寮へと帰っていった。

寮に帰ってからも「あれはなんだったんだろう？」とあの赤ちゃんとの対話が忘れられなかった。「言葉が通じない者同士で仲間意識を持ってくれたのかな？」と考えていたら、いつのまにかいつもの心理学の教科書ではなくEnglish101の教科書を手にとっていた。

あの赤ちゃんもいつかこんな教科書を勉強するのかしら？　と思うと、ちょっと先に勉強している自分が優越感を感じられるようになって、English101の勉強が楽しくなってきた。

ゆっくり赤ちゃんのように読んでいると、自分がEnglish101の内容をバカにしていたことに気がついた。英語ができないのに「今さら、英語を勉強するなんて！」とバカにしていた自分の姿が見えてきた。

でも、今は優しく私の指を握ってくれた赤ちゃんの手を思い出して、その指でページをめくるのが楽しくなっていた。一枚、一枚、ページをめくるたびに自分が成長していける。あの赤ちゃんと共に成長していける。そんな喜びをEnglish101の教科書を読みながら心の中で噛み締めていた。

English101の期末テストでBプラスと赤字で書かれた答案用紙をノイマン教授が私に渡すときに、教授は私の目をしっかりと見て「うん！」と大きくうなずいた。

この点数を受けとった時に、私は複雑な気持ちになっていた。この成績がもらえたのはあの教授のお子さんのおかげ。私の実力ではない。いつも演じていて何も中身がない自分がここにいるだけ。

でも、あの小さな手は私に２００人中10人の中に残るチケットをここに渡してくれた。私は、その小さな手を感じながらも、まだ迷っていた。本当にこの空っぽな自分は大丈夫なのだろうか？　と。

誰かが自分の素晴らしさを引き出してくれる

全寮制の大学に入ったところまではよかったが、英会話もできないため、楽しそうに会話をしている友達の中に入っていけない。

あの金髪のモテモテ男みたいに白人の子供として生まれていれば、自分の人生は全然違ったものになっているのでは？　と夢想する。みんなから「よう！」と挨拶されて、かっこよく男同士で拳をぶつけ合ったり、女の子とハグをし、冗談を言ってみんなを笑わせて「おー、楽しい！」となるんだろうなぁ、生まれたところが違っていれば、と想像が止まらなかった。

そんな想像をしながら、夕食を食べるためにカフェテリアに到着する。カフェテリアの入り口で学生証に貼ってある「食事シール」をチェックされ、シールが貼っていない者はそこでお金を払う。アメリカに来る前は「アメリカの学生寮の食事は不味くて食べられない」と聞いていた。でも、家が貧乏だったので「サラダが食べ放題！」とか「お肉のお代わりが自由！」というのでテンションが上がって「たくさん食べてやるぞ！」という気持ちになっていた。

初めの頃はそれで良かったが、だんだん現実が見えてくる。お肉とかマカロニチーズとかをよそってくれる学生アルバイトの態度が悪いのが気になる。大きいお肉をとって欲しいのだが、金髪の女の子には「どのお肉がいい？」と優しく聞いているのに、私の番になると無表情になって端っこのクズ肉を渡してくる。

それで「あーあ」と食欲も何もかも失せてしまう。

おかわりをしたいと思って、もう一度列に並んだ日には「はあ！」とため息をつかれ、まるで卑しい動物を見るような目で見られて、さらに端の誰も食べないような肉を皿に盛られる。

給仕の連中は、人気者の学生に対してはニコニコして自分から挨拶をしたりするのに、私に対してはどうしてこうなんだと最初のうちは衝撃を受けていたが、それも次第に慣れていき、食事の楽しみを失って「餌」としか見なくなってしまう。

そんなひどい気分になってお皿に乗せられたクズ肉を眺めながら「どこに座ろうか？」というのが次の問題になる。

カフェテリアの正面の席があって、その右側には「教授や勉強ができる人たち」が座っているテーブルがある。左側にはアイスクリームスタンドがあって、金髪のモテモテ男やスポーツマンやきれいな女の子たちが陣取っている。

そこは明らかに眩しくて近づけない。アイスを取りに行くときも、息を止めてそこを通っていく感じだった。

そして、カフェテリアの正面に「ダサい人たちのテーブル」がある。大学に入るまではいじめられていたんだろうな、という人たちや「オタク」と見られるような変わった人たちがそこに座っている。なぜ正面の席なのかはわからないが、大学の４年間、たくさんの新入生が入ってきても暗黙の了解で振り分けられていた。

私は当然のように正面の席に座って「自分には勉強する時間がない」と食事をしながら教科書を開く。教科書は蛍光ペンの線で埋め尽くされているのだが、私の教科書を覗いたオタク学生が「全部マーカーが引いてあるから、それじゃあポイントがわからないじゃん！」と言って去っていったことがあった。

まったくその通りであった。自分でも「どこがポイントで、どこに線を引けばいいかわからない！」となっていたから、いつのまにか教科書全体が真っ黄色に染まることになっていた。蛍光ペンで印をつけても、ちっとも内容が理解できていない自覚があった。だから食事の時間でも教科書を広げて、その内容を理解しようとしている、というアピールをしている。アピールでしかないことは自分が一番よく知っていた。

日本にいたときも、机に座って教科書を開いていたが、教科書をちゃんと読んだことはなかった。母親に「勉強をしていますよ！」というアピールをしていただけ。母親もそれを知っていて「あんた、教科書を開いていてもちっとも勉強していないじゃない！」と嫌味を言われる。どうせ教科書を読まないんだったら、もっと楽しいことがあるはず、と思うのだが、母親の怒鳴り声と悲しむ顔が見たくなかったから、そのアピールをせずにはいられなかった。

　それと同じことをどうして、誰も私のことを知らない、気にも留めないカフェテリアでしているのかが自分でもよくわからなかった。

「あいつはよく勉強をしている」と見られたいだけなのかもしれない。誰からも相手にされないから、勉強をしています、のアピールをしている。そして、誰かから認められて、誰かに自分の本当のすごさをわかってもらいたい。自分の内面にある価値を、私のすごさがわかる人に引き出してもらいたい、と思っていたのか？　では、自分には何があるのだろうか？

　父親は人から好かれる能力を持っていた。どんな人にもフレンドリーに話しかけて、相手と仲良くなっていた。

　母親は人間の分析能力に長けていた。ちょっとしたしぐさや態度で相手の考えていることをピタリと当てて、そこにある人間関係を的確に把握する力を持っていた。

　ところが、自分はこうして勉強をするふりをするだけ。誰のために、何のためにこんな「勉強をしています」アピールをしているのか、自分でもわからなかった。食事中に教科書を開いているやつなんか一人もいない。それでも自分は「私はこんなに苦しんで勉強をしている」というアピールをせずにいられなかった。

もしかしたら、誰かがこんな私のすごさをわかってくれるのではないか？　という、わけのわからない期待があった。それは幻想で、現実には起こらない事を私が一番よく知っていた。幼い頃からずっとそうだったから。

最悪を予測してそれが現実となる能力

わからないことを質問できればいいのだが、自分の思っていることを英語にできないから、クラスのみんなからどんどん置いていかれる。

学生時代に読んだヘレン・ケラーのことを思い出す。見えない、聞こえない、そして喋れない、というのが自分と重なり「ヘレン・ケラーもこんな感じだったのかな？」となっていた。

唯一「息ができる！」と思ったのは数学の授業。子供の頃から算数は苦手と思っていたのに、テストが返ってくると、最初に名前が呼ばれて「大嶋さんはクラスでトップの成績です！」とみんなの前で言ってもらった。私にとって涙が出るほど嬉しい出来事だった。

クラスのみんなから「やっぱり日本人は優秀なんだ！」と尊敬の眼差しで見られた。そんなことは私の人生ではあり得ないことだった。

けれども他の授業ではまったく呼吸ができない。こんなに英語力がないのだったらもう日本に帰ったほうがいいだろと、みんなから思われていたと思うが、それでも、あの実家にいるよりはマシと思っていた。

ノートがなければ落第すると思ったので、ドキドキしながら、一番優秀そうな女の子に「ちょっとノートを見せてくれる？」とお願いをしてみた。そしたら、その優秀そうな女の子は「ごめん、私、このノートを今夜見直すから必要なの」と、去って行かれてしまった。

ガビーン！　涙目になってわなわなと震えた。

こうなったら、優秀そうな子じゃなくて、優しそうな子を探してノートを借りるしかないと考え、昼食時にカフェテリアでその子を探し当てて「隣に座っていい？」と清水の舞台から飛び降りる覚悟で話しかけた。その子は「いいよ！」と二つ返事でＯＫをしてくれたが、「ノートをとるのが大変でノートを見せて欲しい」と言うと嫌な顔をされ、「ノートは自分でとらなきゃダメだよ！」と言われた。

「お願い！　どうしても助けが必要なの！」と恥も外聞もない感じで拝み倒した。これまで体験したことがなかったことをやっていた。

しょうがないな、と女の子はノートをとり出して、私に渡してくれた。「ありがとう！」と涙目になりながらお礼を言って、ノートを返す時間と場所を聞いた。

コピー機がある図書館に走っていって、ノートをコピーして「おー！　こんな風に授業のノートをとるんだ！」と他人のノートを見て感動した。

女の子と待ち合わせ場所に行って「ありがとう」とノートを渡したら、女の子が怪訝そうな顔で「ずいぶん早くノートを写せたよね？」と聞いてきた。

いや、図書館でコピーしたからと言うと、女の子は「それじゃあ、あなたのためにならないでしょ！ ちゃんと自分で書き写さなきゃ！」と注意された。女の子は「次に私からノートを借りるときは、コピーはとらないで！」とノートを受けとってさっさと去ってしまった。

人の優しさに触れることができました、という留学体験談をよく目にしていたが、私は人の厳しさしか体験できていなかった。確かに甘ったれていたらダメだと思うのだが、私の最悪を予測する能力は、自分のノートじゃダメ！　と囁いていたので「今度は違う子に声をうまくかけよ！」とめげなくなっていた。自分がハイエナのようにたくましくなっているのを感じていた。

英語のレポートも、自分で書いたものをそのままを提出したら、英語の授業じゃないのに英文法の間違いからすべてチェックされて真っ赤になって返ってきて「ガビーン！」となっていたので、自分で何度も見直して、最終的に誰かに見直してもらわないとダメだということを学習した。

一度、ルームメイトのリックに「レポートをチェックして」とお願いしたが、医学部生だったリックは自分の勉強が忙しいらしく「そんなのは学校の学習センターの補助教師に頼め！」と返されてしまった。

英語ができないハンディーキャップのある子のために学校が補助教師を用意しているのは知っていた。でも、私は「そんなのは使いたくない！」と思って、それを使わないでいた。もう十分に落ちこぼれなのだが、そこに行ってしまったら本当に自分はハンディーキャップとして扱われて、そこから這い上がれない気がしていた。

宗教学の連中だったら私の面倒を見てくれる優しいヤツがいるかもしれないと思って、同じ宗教学のクラスのクレッグに「ちょっとレポートをチェックしてくれる？」と思い切って頼んでみた。

すると、クレッグは「お前はチェスをやるのか？」と聞かれ「やるよ！」と答えた。どうやらチェスで勝ったらチェックをしてあげる、ということだった。

英語学校にいた冬休み期間中に誰とも接触しないで、ずっとコンピューター相手にチェスだけをやっていたことがあったので、ルールは知っていた。そして、心理戦だけは得意だったので、あっという間に私が勝って、クレッグに「じゃあ、これお願い！」とレポートを渡す。おい！　これって宗教学のレポートじゃないじゃないか！　とクレッグが呆れる。

だから、英語ができないから、レポートの文法をチェックしてくれ、と言ったじゃないか！　と私はクレッグに言っていないことまで言ったことにしてレポートを押しつける。

お前、本当に英語ができないんだな！　と言いながら私のレポートを真っ赤に染めていく。

いや、そんなダメ出しはいらないから、チェックしてくれよと言いたかったが、それも言葉にできないまま、私はチェス盤を眺めながら、クレッグのダメ出しに耐えていた。

クレッグは真っ赤に染めたレポート用紙を私に渡して「次はチェスで負けないからな！」と言った。

お、次のレポートもチェスを理由にクレッグにお願いできるかもしれない、とちょっと希望が持てた。でも、これを繰り返しているうちにクレッグにチェスで勝てなくなる、という未来が私には見えていた。

誰がためにアピールをする

最悪を想定する能力は、子供の頃からあった。でも、最悪ばかり想定していてピークを超えてしまうと「なんとかなる」と妙な確信のようなものが自分の中に湧いてきて努力をしなくなる。

最悪なことを想定することに忙しくて、やるべきことに集中できなくて、ちっとも勉強にも片付けにも手がつけられず、やがて「なんとかなる」という投げやりのような、確信のような感覚になる。

そして、現実に赤点をとってクラスのみんなからバカにされる。母親がカバンの底からクシャクシャになったテストを発見して父親に報告する。母親から怒鳴られて叩かれ、悔しくて泣いていると「なんでめそめそと泣いているんだ！」と父親に殴られ、息ができなくなって、床を転げ回る。涙と嗚咽が止まらなくなり、父親から「泣くな！」と叩かれ、さらに涙が止まらなくなり、パニック状態になり、そこから私の記憶が失われてしまう。あの後、どうなってしまったんだろう？

「ハッ！」と私は、図書館の机で教科書を広げたまま白昼夢に入っていたことに気がつく。夕食後、寮の部屋で勉強もできるのだが、必ずベッドに横になって寝てしまう自信があった。

だから、歯を磨き終わったらベッドの誘惑を振り切って、自分に鞭打って大量の教科書を抱えて図書館に行く。こんなに重い教科書をいくつも抱えていても、ちっとも集中して読むことはできないのは知っている。しかし「もしかして奇跡が起きてたくさん読めるかもしれない」という淡い期待から大量の教科書を持っていくのだが、一度も奇跡が起きたことはなかった。

図書館の机に座ると白昼夢に入って、子供時代の苦しい記憶が蘇り、気がついたら1時間が経過している。これではいけないと、給水機で水を飲み、机に帰ってくる途中で科学雑誌を手にとりページをめくり始めたら止まらなくなる。そしてまた1時間が経って机に戻ると、周りの冷たい視線を感じる。勉強しないんだったら、そこに陣取るなよ！　という視線を。そんなこと実際には言われたことはないのだが、なぜかそんな責めを感じ、寮に帰りたくなる。

　でも、ここで帰ると批判されて逃げ帰る惨めないじめられっ子に戻ってしまう気がして「ここから集中すればいいや！」と、気をとりなおし教科書を広げて読もうとする。

　すると、周りのカツカツというシャープペンシルの音、咳払い、ひそひそ声などが気になってくる。そのまま2時間が経過し、結局４時間も図書館にいて「勉強が1ページも進んでいない！」という衝撃の事実があった。

　ものすごい敗北感と共に、夜道を歩いて寮に向かう。寮では、勉強に疲れてハイになった連中が元気に騒いでいる。力なくドアを開けて部屋に入ると、ルームメイトのリックが寝る準備をしている。

　リックはコンタクトをとり、顔を洗ってベッドに座り、教科書を読みながら眠りにつくのがパターンとなっていた。眠る前に「おい、いつまでも起きているなよ！」と声を掛けてくれる。それは私を心配してなのか、自分の睡眠が乱されることを嫌ってなのか、私にはわからなかった。

　部屋からだいぶ離れたところにシャワー室があった。みんなが寝静まった頃に、タオルを巻いて歩いて行って熱いシャワーを浴びる。そんな時になぜか、いつも目から熱いものがあふれてくる。自分でも理由がわからない。

　さっぱりして部屋に戻ると、子供の頃からの「なんとかなるから、もういいか！」が頭に浮かんでくる。明日、授業に行ったらなんとかなるでしょ！　もう十分にやったからなんとかなるでしょ！とまったく何もやっていないのに、このタイミングで、いつも根拠のない自信のようなものが湧いてきてしまう。そして、このままベッドに入って眠ったほうがいいような気分になる。

最悪を想定する自分の能力が麻痺しているのかわからないが、これに従って悪夢の現実をこれまで見続けてきた。そんな悪夢は見たくないので「なんとかなるでしょ！」の声を打ち消して思い切って机に座って、教科書を開いて読んでみる。すると「自分はちっとも教科書の内容を理解していなかった」という事実がそこで初めて発覚する。授業中に先生が話したことをまったく理解していないで、自分だけ間違って捉えていたことがわかって「あぶなーい、このまま明日の授業に行ったらみんなの前でものすごく恥をかくところだった！」と最悪の悪夢がちょっとだけ回避できた気がした。

結局、授業が終わって７時間は机の前に座って教科書と葛藤をしていたことになるのだが、結果的に勉強ができたのは睡眠時間を削っていたわずかな時間だけ。

他の連中だったら最初の図書館の４時間で十分すぎる勉強ができて、そして成績もアップしているはずなのに、自分には集中力がなくてそれができない。こうして睡眠時間を削ってやっと昨日の授業に追いつくことができて、プラスマイナスゼロ。こんなことを毎日のように繰り返して苦しんでいた。こんなことをやっているからいくら勉強をしても成績は上がらず、心理学部なんか自分には到底無理なのかもしれない、という現実を認めなければならなくなっていた。

そう、いくら努力をしても、という言葉が自分にはふさわしくなかった。努力しているふりしかできない。誰にアピールをしているのかわからないが、やっているのは勉強のアピールだけ。実際には何もやれていない。

「勉強をしてがんばっていますよ！」というアピールをなぜしなければならないのか。自分でもわからなかったが、何かに怯えてそれをし続けなければならないような感覚になっていた。

これだけがんばっているのに、何もできるようにならないし何も変わらないダメ人間のまま、というアピールを私は誰かにしていた。誰に対してしているのだろう？　と考え始めたら、いつの間にか私は布団に潜り込んで深い眠りへとついていた。もうちょいで、その正体がわかりそうなのに。

気晴らしにスーパーで買い物

毎日、朝の8時から授業が始まって、夕食の時間までみっちりスケジュールが詰まっているのだが、水曜日だけは夕食までに2時間空いていた。いつも勉強に集中できない自分を責めて苦しんでいたが、水曜日の2時間だけは「わーい！」という感じで近くのスーパーに買い物に出かける。

買うものは大体決まっていて、カフェインが大量に入っているマウンテンデュー48本のケース。寮にも自動販売機があるが、ケース買いすると半額になるのだ。

マウンテンデューだけ買ってさっさと帰ればいいのだが、スーパーの食材を見て回るのが大好き。野菜コーナーから始まって「今週はレタスがちょっとしおれていて高い」とか「あの玉ねぎ新鮮そうだな」などと見て回って、それをどんな風に調理するのかを想像して楽しんでいた。

一番好きなのはお肉コーナー。日本にいた頃に「ステーキをお腹いっぱいに食べたい！」と夢にまで見ていたのが、ここでは食べきれないほどの大きな肉が「え！　３００円！」という安値でテンションが上がってしまう。

寮のカフェテリアで食事している私には一切関係ないのだが、どんな風に料理をするのかを頭の中で想像しているのが楽しかった。

この地域の人はあまり食事にこだわらないのか、スーパーの経営者が努力をしないからなのか、何度も通っていると「あまり食材を変えないんだ！」と驚く。日本だったら、季節ごとに食材が変わって魚などもその時期に新鮮なものが並んだりする。海から最も離れたこの地域でも冷凍コーナーにはちゃんと「ナマズ」とか「赤魚」が並んでいたが、いつまでたっても在庫が減らないことから「やっぱりこの地域の人って魚を食べないんだな」というのがわかってくる。確かに、カフェテリアの食事でも魚をあまり見たことがなかった。

気晴らしにスーパーで買い物

そんなスーパーの食材の品揃えから地域の人の食卓が見えてきて、ちょっと楽しくなってくる。そして、私だったらこんな風に調理するのになぁ、と考えるのが好きだった。

料理人になりたいとは思わなかった。私みたいな薄汚れた人間が人に食事を作って出す、ということは考えられなかったから。なぜ、こんなに自分が汚れている、と思うのか？

子供の頃からいじめられて惨めな思いをしてきたから自己肯定感が低く、人に対して「私なんかと話をしてもらうのは申し訳ない」と思ってしまう。その延長線上に「自分が触った食材を人に食べていただくなんて申し訳ない」というのがあったのかもしれない。それに気がついたところで、その感覚が解消されるわけではない。

ある時、寮のリーダーが「おい！　お前、日本人だから料理は得意だろ！」と声をかけてきた。リーダーのフレッチマンはスポーツマンで長身のイケメンで、学校で一番のモテ男だった。

そんなかっこいいリーダーから声を掛けられて、私は嬉しくなって、久しぶりに飼い主に声をかけてもらった子犬のように「うん！　うん！」と思いっきりうなずいていた。

リーダーは「明日の夕食は寮でバーベキューをやるから買い出しと調理をお願いする！」と言って、私にお金を渡していった。

私はステーキ肉を買ってきて、まな板の上で一枚一枚、ルームメイトのリックから借りたケニアのマサイ族が武器にしているルング棒で肉を叩いて繊維を切って柔らかくする。そして、塩コショウ、ニンニクをこすり、下味をつけてトレーに肉を重ねていく。それを見たペリーが「おい！　肉に前もって塩コショウを振るなんて普通はしないだろ！」とダメ出しをしてきた。

こんな時は英語が喋れないのが役に立つ。親指だけ立ててにっこりすれば、ペリーは「それが日本の調理の仕方なんだ！」と感心してくれる。

下ごしらえにはものすごい時間がかかったが、あっという間にみんな食べてしまった。ペリーが「もっとないのか？」と聞いてくる。食べ終わった寮のみんなが口を揃えて「こんな美味いステーキはこれまで食べたことがない！」と言っていた。そんな風に人から感謝されて喜んでもらう体験はこれまでの人生で一度も味わったことがなかった。みんなの笑顔に、私もびっくりした。

こんな体験をしたら「料理人になりたい」と普通は思うのかもしれない。生まれて初めて人から喜ばれて感謝されたわけだから。もちろん私もそんなことを想像してみたが、すぐに現実に引き戻されてしまう。私が調理をしたものを人に食べてもらうなんて申し訳ない、という気持ち。こんな罪深い汚れた人間が触ったものを人に食べていただくなんてできない。一度だけだったら許されても、私の罪深さに汚染された食材を連日提供すれば、相手に悪影響を及ぼしてしまうという感覚が私の中にあった。

この時、私はこの罪深い薄汚れた感覚から逃れるために「勉強をしなきゃ」となっている、というのがなんとなく見えてきた。「勉強をすれば」この薄汚れた気持ちから解放されるような気がしていた。でも、薄汚れた気持ちが私の足を引っ張り、勉強にちっとも集中させてくれない。だから、いつまでもこの薄汚れた罪深い、生きている価値がない感覚から逃れられないでいた。

みんなを敵視して孤立しようとしたが

ルームメイトのリックは、教科書を3回読んだだけですべて覚えることができて、物理でも生理学でもほぼ１００点がとれてしまう。私の料理にダメ出しをしてきたペリーは、授業を聞いているだけでポイントを押さえ、ノートをしっかりとっていて、ノートを見直すだけで試験勉強は完ぺきになっていた。

リーダーのフレッチマンは、いつ勉強をしているのかわからない感じだったが、成績優秀である。同じ心理学の授業をとっていたベンは、高校時代からの彼女とイチャイチャしている時間の方が長いように思えたが、クラスでトップの点数だった。

「こんなに勉強をやっていますよ！」アピールを私はカフェテリアでも、図書館でも、そして寮のトイレにまでも教科書を持ち込んでやっていた。でも、ちっとも理解できず、覚えられない。ルームメイトのリックが一度「ちゃんと内容を理解したかテストしてやる」と私の教科書を取り上げて、問題をだしてくれたが、まったく答えられなかった。

「お前、あれだけ勉強をしているのにちっとも理解していないじゃないか！」と、リックに最も言われたくないことを言われて、わなわなと震え涙目になる。

　リックは「時間だけ勉強をやっていたって駄目なんだぞ！」と私にダメ出しをする。だから勉強ができない生徒をサポートしてくれる補助教員に助けを求めろと言ったんだ、と言わんばかりの態度だった。

　けれども私は、知らない人に弱みを出して助けてもらう勇気がない。「こんなにあなたはわかっていないのに、なんでこの大学にいるの？」という目で見られ、そこで恥をかくのが死ぬほど嫌だったので「自分で何とかしなければ！」と思ってもがき苦しむ。

　その結果がリックが言った通り「勉強をやっているつもりだけど内容をまったく理解していない」という惨憺たる状態。私は傷つき「もう、だれにも相談するもんか！」と心を閉ざし、それまで以上にひたすら勉強をするふりを長時間する。

　集中しようとすればするほど、過去の嫌なことが次から次へと浮かんできて、頭の中を泥まみれのように汚していく。物心ついたころからずっとそうだった。集中して何かをやろうとすると嫌な記憶が襲ってきて、集中することができなくなり、白昼夢の世界に逃げ込んでしまう。そして勉強ができなくて人から馬鹿にされて蔑まれることで、自分の悪夢が現実になる。

人と接触をするから嫌な思いをさせられて勉強に集中できなくなると思って人との接触を断とうとするのは、子供のころに何度も試したことがある。

いじめっ子や嫌な子とかかわらないようにする努力をしてみるのだが「関わらないようにしよう」とすれば、なぜか「相手がかわいそう！」という気持ちが湧いてきて黙っていられなくなり、再びいじめっ子にいじめられることを繰り返していた。

寮でも「リックを無視しよう」と決心するのだが、「リックがかわいそう」となって自分から話しかけ、再び嫌な思いをして、それが頭の中をめぐって「集中できない」という繰り返し。

そんな頭の不自由さがあったから「こうなったらみんなを敵視しよう！」と思ったのかもしれない。

寮の連中が週末に、いつも一人でいる私に「一緒に映画を見に行こう！」とか「メキシカン料理を食べに行こう！」と誘ってくれても「こいつらは私の足を引っ張ろうとしている！」と思って「結構です！」ときっぱりと断るようになった。

夕食なども「こっちに来て一緒に食べないか！」と誘われても、心の中のハイエナが「ガルルルル！」と相手を威嚇するように吠えていて「いや、一人で食べる！」と拒否をする。拒否をして自分の邪魔をする周りの人たちを断ち切ったら、自分の能力が開花してちょっとは勉強ができるようになるかもしれない、という淡い期待をもっていた。でも、一人の世界に入れば入るほど孤独と怒りが増すだけ。その怒りがエネルギーとなって勉強に集中できるようになればよいのだが、そうはならずに怒りは私を過去に連れて行って、目の前の教科書から遠く離れさせてしまう。孤独になればなるほど、外で楽しく過ごしている連中のことが気になり、心ここにあらずとなっていた。それでも、怒り続け、孤独と闘いながら私はひたすら勉強をしているふりをする。このまま続けていても何も変わらないのがわかっていながらも、その他の選択が考えられなかった。

寮のミーティングで大泣き

心理学の試験結果が出て絶望感に襲われて、天を仰ぐ。

「自分はどんな悪いことをしたんでしょう？」と悔し涙を堪えながら、天に文句を言っている。こんなにがんばろうとしているのに、ちっとも助けてくれない誰かに怒りを感じていた。試験中はほとんど寝ていなかったので、頭が朦朧としている。早く寮のベッドに飛び込んで悔し涙を流しながら寝たい。泣きたいぐらい悔しいけど、眠気が勝っているような不思議な感覚だった。すれ違う連中のまるで汚物を見るような視線を感じながら、惨めな気分で寮に帰る。

寮のミーティングで大泣き

寮の連中はテストが終わったので「ヒュー！　ヒュー！　やったぜ！」と騒いでいる。ペリーが私に近づいてきて「やったぜ！　試験が終わった！」とハイタッチを求めてくる。「パチン！」とペリーの手のひらを打ってみたが、惨めさが増すだけだった。

ペリーが「みんなで一緒に遠足に行こうぜ！」と言ってきた。私は「行かない！」と部屋に入っていった。すると宗教学のカリスマ生徒のシェーンが部屋に入ってきて「ノブ！　寮のみんなで遠足に行こう！」と声をかけてくる。さっき断ったじゃん！　という表情をしたら、シェーンは「寮の積立金でお金がかからないし、宿泊施設で食事も出るから行こう！　寮には誰もいなくなるから」と言われた。

シェーンは大学生なのにすでに牧師の仕事をしている天才だった。アメリカでは日曜日に怪しい牧師がテレビで説教をするのだが、シェーンはまさにそんな感じで声に迫力がある。その上シェーンは強靭な肉体を持っていて、一度、相撲の真似事をしたとき、組まれた瞬間に「こいつは岩だ！」と思った。

そんなシェーンが座っている私の横に立って「行こう！」とぎゅっと肩をつかむ。「あの、これって脅迫ですよね！」という感覚になる。「わかったよ！　行くよ！」と言ったらシェーンは「寮の外に1時間後に集合だからな！」と私を威嚇しながら去っていった。

「マジかよ！　これから寝ようと思ったのに！」と文句を言いながら着替えをバックに入れていると、

リックが帰ってきて「どこかに行くのか？」と質問をしてくる。

「え？　リックも遠足に行くんだろ！」と声をかけると、リックは下を向いて「俺は去年行ったから、今年は行かない」と言ってきた。シェーンの嘘つき！　インチキ牧師！　と私は心の中で悪態をついていた。

　リックは試験が終わったのに、生理学の教科書を開いていつものように集中し始めた。そして、ボソッと「楽しんでこいよ！」と下を向きながら呟く。

　そんなリックの姿を見て「僕も勉強をしなければ！」と焦りが出てくるが、リックと寮に二人っきりで残されるよりは、みんなと一緒に遠足に行った方がこの惨めさは紛れるかもしれない、と寮の入り口に停められていたバスに乗った。

　管理人もいない大学の宿泊施設へとたどり着いたときにはすっかり暗くなっていた。

「食事はどうするの？」とペリーに聞くと「シェーンと教授が作ってくれるんだ！」と嬉しそう言う。これから作るんかよ！　と思ったが、シェーンと教授は手際よく調理をして、あっという間に食事の時間が終わる。

　みんなが暗黙の了解で、食堂のテーブルを端に寄せ椅子を並べて輪を作る。嫌な予感がする、と思っていたら、さっきまで食堂に立っていた心理学の教授が「さあ！　みなさん座って、ミーティングをしましょう」と爽やかな笑顔で言った。

寮のミーティングで大泣き

心理学の授業で「グループミーティング」というのが出てきていたが、英語力のない私には内容があまり理解できていなかった。教授が最期の授業で、なんとなく「遠足時のグループミーティングに参加したら追加点をあげる」と言っていた気がしてきて、これが自分の都合のいいように塗り替えた記憶じゃないことを心の中で願う。

確かに、隣に座っているウエインは心理学の授業をとっていた。ペリーは経済学部だし、シェーンは宗教学だし「どういうこと？」と思いながら教授の話に耳を傾ける。教授はこのグループミーティングの意味を語ってくれるのかと思ったら、いきなり身の上話を初めて「おー！　教授もこれまで辛い思いをしてきたんだ！」ということを知ってびっくりした。

教授の話でこのミーティングの趣旨が見えてきた。次の人も、両親との葛藤を話し始めて涙を流す。周りの連中も、鼻をすすり始めてハンカチで目を抑える。私は冷めた目で「そんなことで泣ける？」と思いっきり疑っていた。なぜなら、全然私は感情を揺さぶられないし、そんな人の話を聞いて泣きたいとも思えない。むしろ泣いている連中が偽善者に思えて、ものすごい嫌悪感を抱いていた。順番が回ってきたときに「パス」と言えば話さなくてもいいことがわかって「絶対にパスをしよう！」と固く心に決める。

みんなが感情を吐露してスッキリした顔をしているのに、私だけが温度差を感じている気がしていた。いつもこうだ、と心の中で嫌な声が響く。

そして、隣のウエインの順番になる。ウエインの両親は離婚をしていて、母親とずっと暮らしていたんだということがわかる。そして、勝ち組だと思っていたモテモテ男のウエインが実は貧乏苦学生で借金まみれになっていることを知って、心が「ドーン」と衝撃を受けたように重くなる。なぜなら、彼の存在をまったく誤解していたから。

ウエインは入学してすぐに彼女を作って、三ヶ月後には別の彼女と手を繋いでいた。彼が長い期間付き合えないのは、お父さんから捨てられたのもあるけど、同居をしていたお母さんからも愛されなかったからなのだ、という悲しい事実を聞かされてしまった。

ウエインは「よう！」と誰にでも笑顔で声を掛けていたから「軽い男だな〜」と思っていたが、軽いんじゃなくて、誰からも愛されてこなかったから、人との親密感が感じられないのだった。ウエインの心の闇を知って、これまでウエインのことを心の中でバカにしていたことが申し訳なくなってしまった。

そして、ウエインが最後に「ここに来れたのはおばあちゃんのおかげ」という余計な一言を言った。

突然、ウエインの話が終わって、シーンとした会場の中で私は頭が真っ白になって「パス」と言うのを忘れてしまう。

私の口から意外な言葉が出てきた。「私のおばあちゃんが……」と口にした瞬間に、涙と鼻水があふれ、嗚咽が止まらなくなる。自分に起きていることがわからない。

喋りたかったのは、高校1年生の時亡くなってしまったおばあちゃんの話。

おばあちゃんは、私が生まれる前に教会の牧師夫人として無理して働き続けて脳梗塞で倒れ半身不随になり、右半身が動かない。言葉もうまく喋れない状態だった。背中が90度に曲がって、右腕が固まって腕が曲がったまま動かせない。

私は幼いころから、そのおばあちゃんの横に座って一緒にテレビを見るのが好きだった。いや、好きだったというよりも、一緒にいてあげることでおばあちゃんの役に立っていると思っていたのかもしれない。

みんなが不自由なおばあちゃんを馬鹿にしたような口をきくので、みんなからそれほど大切にされている感じがしなかった。私は、おばあちゃんを大切にしようと幼心に固く決心をしていた。

おばあちゃんは相撲を見るのが好きだったので、私は一緒に見ていた。おばあちゃんのために力士の名前を一生懸命に覚えようとしていたが、本当は興味がないのでなかなか覚えられない。私はおばあちゃんが好きなものを好きなふりをして一緒にテレビを見ていた。興味がない話でも、おばあちゃんが話をしてくれる話は真剣に聞いているふりをしていた。おばあちゃんの役に立ちたいと思っていたから。

幼稚園でいじめられて泣いて惨めな気持ちになっても、おばあちゃんの部屋に行って、ちょこんとおばあちゃんのベッドの下に座ってテレビを見ているふりをすれば時間だけが過ぎていく。そしていつしか惨めな気持ちが消えていく。

小学校に入り、いきなり「お前はどんくさい！」と背中を突き飛ばされたときも、突き飛ばされた感覚が残ったまま私は涙をこらえておばあちゃんのところにいく。おばあちゃんが座っているベッドにその背中をもたれて、おばあちゃんと一緒にテレビを見ているふりをする。惨めな気持ちをいっぱい背中に背負いながら。おばあちゃんはそんな私のことがわかっていたのかもしれない。

曲がった背中で杖を突きながら、台所までよたよたと歩き、いっぱいのお茶を入れて「飲みなさい」と出してくれる。

私はそんなおばあちゃんの優しさで涙があふれそうになるのをこらえながら、お茶をすすった。おばあちゃんと一緒にテレビを見ていると惨めな気持ちがよみがえってきて涙があふれそうになるが、何度も鼻をかんでごまかし、おばあちゃんが笑うタイミングで私も笑う。

ちょっと大きくなったら、おばあちゃんを教会まで連れて行くのが私の役割になっていた。おばあちゃんが思うように歩けなくなったら「僕がおばあちゃんを背負ってあげる」とおばあちゃんを背負ってみた。

おばあちゃんの右手は曲がったままだったので、私の狭い背中におばあちゃんのこぶしが当たってしまい、バランスがうまくとれなくて、玄関で転んでしまった。それでもおばあちゃんは「おっほっほ！」と嬉しそうに笑ってくれた。

寮のミーティングで大泣き

こんなおばあちゃんの役に立ちたい。それだけは自分ではっきり感じられた。

毎日のように母親からひっぱたかれ、学校に行けば背中を突き飛ばされ、常に惨めな気持ちでいっぱいで、この世に存在していたくないと心から思っていた。でも、このままだと地獄に落ちてしまう、という恐怖でいっぱいで生きることも、存在を消すことも許されていなかった。

そんな記憶が「おばあちゃんが」と言った瞬間に思い出されて、涙が止まらなくなってしまった。こんなに泣いてしまってみんなから馬鹿にされて嫌われる、と思ったらさらに泣けてきて、顔を上げていられなくなる。顔を下に向けたらさらに涙が出てきてしまい「何とかしなければ」と一生懸命に泣くことを止めようとするが、嗚咽が逆に酷くなる。

そのとき、温かいものが背中に置かれた。それまで体験したことがない温かい感覚が背中にあった。背中にたくさんの掌の温かさを感じる。それも一人や二人の掌ではなかった。

ふっと顔を上げたら、参加していたみんなが私の背中に手をのせてくれていて、みんなが私と一緒に涙を流してくれていた。教授も一緒に。

そこからの私の記憶がない。どうやってそのミーティングが終わったのか、どうやって宿泊施設に入って寝たのか、まったく記憶がなくなっていた。

ぐっすり寝て、朝起きた時には、みんな食堂で朝食の準備をしていた。

ペリーが昨日は何もなかった体で「ノブ、起きろ！　シェーンのおいしい朝食だぞ！」と呼びに来てくれた。泣き疲れて腫れていた眼をこすりながら、顔を洗って、ものすごく恥ずかしい気持ちで食堂に入っていくと「おー、ノブが来た！」とみんなが温かく迎えてくれる。

何かがこれまでと違うのが、鈍感な私でもわかった。ペリーが横に座って「ほら！　シェーンが作ってくれたんだ、アメリカの南部料理。グリッツはものすごくおいしいんだよ！」と嬉しそうに言っている。

私は「本当かよ！」と思ったことが口から出ているのにびっくりした。いつもだったら「ありがとう」と「ＯＫ」しか言わないのに。

おいしい朝食はご飯とみそ汁だろ！　と心の中でつぶやきながら、シェーンが作ってくれたグリッツをスプーンですくって口の中にそっと入れてみた。その瞬間に思わず「おいしい！」とつぶやいて、口の中に広がるうまみと温かさで、私の目からまた涙が零れ落ちていた。

そんな私を見て、ペリーが「シェーン！　ノブが泣くほどうまいって！」と調理場に立っているシェーンに叫ぶ。するとシェーンが「ノブ！　おいしいだろ！」と私に大声で声をかける。

私は涙をぬぐいながら、親指を高く天に向かって立てていた。

人の中で広がっていく静けさ

子供の頃、親から「お前はなんてだらしないんだ！」とひっぱたかれ「ごめんなさい」と泣いて謝って「明日からちゃんとしたいい子になります」と悔い改めをしたのに「次の日には、また同じことをしている！」とひっぱたかれていた。

そんなことを繰り返してきたことで、いつしか「どうせ何をやってもダメさ」と冷めた目で見るようになった。努力をしても何も変わらず、奇跡は絶対に自分には起きない。遠足から寮に帰ってきたとき、なぜかそんなことを思い出す。

遠足のグループミーティングでみんなの前で泣いてしまった。それで、何か自分に奇跡が起こって勉強ができるようになっているのではと期待をして教科書を開いてみる。集中して教科書を読もうとするが、難しい単語に引っかかってちっとも進まない。そして、何度も辞書で調べた単語をまったく覚えていない自分に失望をしてやる気をなくしてしまう。こうして、いつもだったら時間が無駄に過ぎて敗北感を味わうことになる。

でも私は何を思ったのか、分厚い教科書をパタッと閉じて、それを脇に抱えて斜め向かいのペリーの部屋のドアを叩く。「どうぞ！」という声が響いてきたので、初めてペリーの部屋に足を踏み入れた。

「お！　ノブ！　入ってこいよ！」

マークとマットが絨毯の敷いてある床に座って、それぞれが違う教科書を読んでいた。試験が終わったばかりなのに、もう勉強をしていた。私が知らないところでみんなは真面目に勉強をしていた。私は自分の部屋にこもるか、図書館で勉強をしていたので、他の連中がどんな風に勉強しているのかこれまで興味を持ったことがなかった。

ペリーは自分の机で勉強をしていて、他の二人が「ここに座れよ！」と私のために座るスペースを空けてくれた。私はそこに座って、みんなが教科書に集中している中で心理学の教科書を開いてみた。

以前の私だったら「私がここにいてみんなが迷惑なのでは？」とか「みんなに真面目に勉強をしていることをアピールしなければ」と頭の中で考えてしまっていた。ところがそのとき、教科書に集中することができた。これまでにないペースで教科書を読み進めることができて、内容がスラスラと頭の中に入ってきて自分でびっくりした。

「あ！　勉強ってこうやるんだ！」というコツがつかめたような気がした。

さっき自分の部屋で一生懸命に読もうとしてできなかったのに、ペリーの部屋に来て読めるようになったのはなぜなのか、自分でもわからなかった。

みんなと一緒にいる安心感が影響しているのだろうかと思ったが、一人の部屋で鍵をかけていた方が安心できるので、それはあたらない。この場で教科書を読むのが楽しかったので「まあいいか！」と能天気に次の章に進むことにした。

お尻が痺れてきた頃に、ペリーが「食事に行こうぜ！」と声をかけたので、それぞれが立ち上がって食堂へと歩いていく。ほどよい脳の疲れを感じながら、怠そうに４人で食堂に歩いていくのが心地よかった。

ペリーに続いて給仕係の前に立った時、給仕係がいつもの嫌な態度ではなく、にこやかに給仕をしてくれる。そして、ペリーと同じように「ちゃんとした肉を入れてくれた！」と感動する。

ペリーは当たり前のようにイケてる生徒の座る席の方に歩いていき、私も躊躇なくついて行って、初めて憧れの席に座ることができた。勉強のことを忘れて４人で楽しく雑談をする。

いつもだったら人と会話をする時に「私は英語が喋れないんです」とダメダメアピールをしてしまうのだが、それをやる必要がなかった。

心優しいマークが「ノブのお婆ちゃんはそれからどうなったんだ？」と聞いてきてくれた。私は「おい！マーク！　俺をまたここで泣かせようとしてるのか？　勘弁しろよ！」と軽口を叩く。マークは「いや、そんなつもりはないんだ！　ごめん！」と謝るから「いや、冗談だよ！」と私が切り返す。それは私が大学に入って憧れていたやりとりだった。

お婆ちゃんは私が高校生の時に亡くなってしまったこと、そして、それをきっかけにアメリカで心理学を勉強することになったことをペリーたちに話した。

あれ？　私は英語が喋れないんじゃなかったっけ？　と喋りながら、自分でもびっくりする。

楽しく会話をしながら、あっという間に食事の時間が終わり、再び寮へと戻っていく。マークは「俺は女子寮に用事があるから！」とその場から去っていき、ペリーも彼女のところへと向かって行った。

細身で小柄なマットは、ちょっと緊張が高い感じなので会話が弾む感じではなかったが、歩きながら「ノブ、お前は本当によくやっているよ！」と褒めてくれた。マットは自分が外国の大学で母国語以外で勉強をするなど想像できない、と言ってくれた。

マットはいいやつだな、と思いながら、部屋の前で別れて歯を磨いて「さあ！　勉強をしよう！」と机に向かったが「あれ？　さっきみたいに教科書が読めない！」ということに気がついた。

ついさっき「勉強のコツをつかんだかも？」「自分にも奇跡が起こったのかもしれない！」とちょっと嬉しくなっていたのに「あれ？　素の自分に戻ってしまった」と目の前が真っ暗になる。

さっきのあの楽に勉強をする感覚を体験してしまったら「もう、一人で苦しむのは嫌だ！」と自分の中で叫んでいた。その時に「あ！」と気がついてしまった。

さっき自分は「一人で苦しむのは嫌だ！」と叫んでいた。人と一緒に勉強をすることに意味があるのかもしれないと思って、実験してみることに。

いつもだったら教科書をカバンに入れて図書館に逃げ込むのだが、教科書を抱えて、寮で勉強をしている連中のところに行ってみようと思い立つ。

さっき一緒に帰ってきたマットと二人っきりで勉強をするのは「ちょっときついかな」と思って諦めた。

そこで隣の部屋のダンと同じ心理学の授業をとっているビルの部屋をノックしてみたら「入ってこいよ！」と中から声が聞こえて、ドアを開けてみたら「お！　二人とも勉強をしている！」という恐ろしい光景が。

「なんでみんな勉強しているの？」と思わずダンたちに言ってしまったが、ダンが「お前も教科書を抱えているじゃないか！　日本人だけが勤勉だと思うなよ！」と返してくる。

「ビルはいつも彼女と一緒じゃないのか？」と勉強の邪魔をしたい、という私の悪い心が出てきて質問をしたら「彼女と一緒にいる曜日をちゃんと決めている」と真面目に答えてくる。

ダンは部屋のドアの所に立って、入るかどうかを迷っている私に「入ってくるのかどうするのかさっさと決めろや！」と言ってくる。

「おう！　入っていいのか？」とダンの目が見ることができずに聞くと「当たり前だろ！　入ってこいよ！勉強の邪魔をしなきゃな！」ときつい言葉のようだけど、そこに優しさを感じて、ちょっとグッときてしまう。

ダンとビルはアメリカ人らしくベッドの上で教科書を開いて勉強をしている。私は、床にあぐらをかいて教科書を読もうとする。

「お！　集中して読める！」とさっきペリーの部屋で体験したことが、また再現できたのでホッと一安心する。もしかしたら、さっきマスターした章が自分の部屋で読めなかったから、頭から抜けてしまったかも？　と不安になって、読み進めてみると「ちゃんと理解しているじゃん！」と頭の中で飛び跳ねていた。

次の章に進むと「わからない単語を読み飛ばしても、前後の文章からその単語の意味がわかってくる」ことに感動する。

ビルも同じ教科書を読んでいるが、ページをめくるペースが早い。

「うーん、やっぱり読む速度はまだまだだな」と贅沢なことを思っている自分がいる。そんな自分に「あなたは教科書をまったく集中して読めなくて、読むペースなんて考えられなかったでしょ！」と別の自分が突っ込んでいた。

温泉に行った時に、後から入ってきた人よりも長く湯船に浸かっていよう！　と決心して我慢している時のように、ダンもビルもそして私も、集中力を途切らすことなく勉強をし続けていた。

そして、ダンが「あー！　疲れた！」とやっと折れてくれたことで、私の緊張も解けて心地よい疲れがどっと襲ってくる。廊下では、女子寮や外から帰ってきた連中が高いテンションで騒ぎ始めていた。以前だったら「うるせえな～！」とイライラしていたのだが、今は一緒に騒ぎたい気分になる。

二人の部屋から去るときは「ありがとう」と声をかけるのが普通だと思っていたが、なんだかそれってダサいなと思ったので「お前ら、がんばれよ！」と上から目線で言った。ダンが負けじと「お前もな！」と私の背中に言った。私は振り向かずにこちらを見ているであろうダンに後ろで手を振って、部屋を後にした。みんなが廊下で騒いでいる。自分もその騒ぎの中に入ろうかと思ったが、ここで騒いだら、テンションが上がって眠れなくなり、せっかく覚えた教科書の内容が頭から消えてしまう気がしたので、シャワーを浴びてすぐにベッドに入る。

ベッドで自分に何が起きているのかを整理しようとしたが、頭が疲れきっていたのか、考える暇もなく深い眠りへと落ちていった。深い眠りの中で静けさが広がっていくのが感じられる。吸う息と、吐く息とともに。

発見！　脳のネットワーク

一人で勉強に集中しようとすると「全然、頭に入ってこないし、まったく理解できていなかった」となってしまう。ところが、学部も学年も違う連中と同じ部屋で一緒に勉強をしていると「あれ？　スラスラと理解できるようになる！」という不思議な現象が。なぜそうなるのか、理由がまったくわからない。

あの遠足のグループミーティングでみんなの前で泣いてしまってみんなが一緒に泣いてくれた時から、この現象が始まっていた。

不思議な現象の正体を突き止めたかったが、日々の鬼教授たちの課題の多さにそれどころではなくなっていた。膨大な本が課題として出され、それをまとめてみんなの前で発表しなければならなかった。英語のハンディーキャップがある私は、連日徹夜であった。

課題として出された本を読むときは「わーい！」と寮の連中の部屋に入り浸って読むと「おー！スラスラ理解できるぞ！」という不思議な現象を体験して、そして頭の中でレポートの構成を練ったら部屋に帰ってコンピューターでレポートを書き上げる。

あるとき、心理学の授業で「遺伝子」の話になった。第二次世界大戦時に、ドイツ軍から逃れた双子の赤ん坊がお互いの存在を知らないままポーランドとアメリカに移住をしていた。この二人は、お互いの存在を知らないのに「奥さんの名前が一緒！」で「子供の数も子供たちの名前も一緒！」「犬の名前まで同じ」であった。さらに趣味の日曜大工を地下室でやるのも、タバコの本数も同じだった。もっと驚いたのは、同じ時期に庭の木の周りに同じようなデザインのベンチを作っていた、と書いてあって「おー！　遺伝子の情報ってすごいな！」というオチとなっていた。

この時、私は「あれ？　これって遺伝子の情報で同じことをやっているだけじゃないよね！」と気がついてしまった。

これって、脳が遠く離れていても電波のようなもので繋がってコミュニケーションをとり合っているから「同じ時期に同じデザインのベンチを作った」という現象が起きているのでは、と教室の中で一人だけおかしなことを考え始める。

なぜなら、寮の頭のいい連中と一緒に勉強をしているとなぜか勉強が捗るようになっていたから。自分の能力以上の力が周りの優秀な人たちの脳の影響で使えているような気がしたからだ。

そして「もしかして遺伝子が共通していれば遠く離れていても、相手の存在を知らなくても相手に影響されちゃうのかも？」と考えたとき、衝撃が走った。

もしかして、一人で勉強をしていたときは遺伝子が共通している日本で暮らしている兄弟とか両親の脳と繋がってしまっていたのではと思ったのだ。

「あ！　だから、一人で集中して〝勉強をしなきゃ〟と思っている時は、実家で勉強をしているふりをしていた時とまったく同じ感覚になっていたんだ！」と気がつく。

脳が日本にいる両親と繋がってしまえば、実家にいた時の惨めで勉強がまったくできない状況が、時空を超えて10,000km離れたアメリカでも再現されてしまうのだ。

寮の連中と勉強をすると英語がスラスラ理解できたのは、英語がネイティブな連中と脳が繋がるから。そこで私はこの現象を「脳のネットワーク」と名付けることにした。

脳のネットワークには指向性があって「注目を向けた相手につながる」という特性があるのでは？と考えた。私はこの仮説を、自分だけで検証をしてみることにした。

脳のネットワークを物理の授業で検証

なんで物理の授業なんかとってしまったのか、初めは自分でもわからなかった。ルームメイトのリックが「ノブ、物理の教授はＭＩＴ卒でこの学校で一番厳しい人だけど大丈夫なのか？」と聞いてくる。それは知っていたが脳のネットワークを試すために、ぜひ挑戦してみたかった。

私は日本にいた時には物理がまったく理解できなかった。そんな私が優秀な人の近くに行ってコバンザメのようにくっついて授業を受けたら点数がとれるだろうか？

子供の頃から「人から嫌われている」という感覚があったから、自分から人には近づかないようにしていた。いつも一人でいた。学校に入学してからも「みんなでグループになりなさい！」と先生が言った時に「私が入るとみんなから気持ち悪がられる」という感覚があったので、オロオロしているうちに自分だけ余っていた。

物理の教授は噂通り厳しくてサディスティックで「お前らにはこれがわからないだろ！」とものすごく難しい課題を出してくる。

ところが同じ心理学専攻で隣部屋のビルの傍らに座って、物理の授業を受けていると「そんなの簡単じゃん！」という気持ちになるからおもしろい。小テストでは順調に点数を稼ぐことができていた。

私は成績優秀なビルの脳のネットワークを使っているから、点数がとれていることを知っている。

ある時に、あの悪夢の「グループになりなさい！」と教授がみんなに声をかける。その時、私とビルは、お互いの顔を見て「勝負だ！」と言って、別々のグループを作ることにした。ビルはいつのまにか私のことをライバル視していたのだ。

私は、優秀そうなカナダ出身の新聞部のマークとその他の二人をゲットして「わーい！　みんなで一番をとろうぜ！」と声をかける。そんなことをするなんて自分でも信じられなかった。完全にビルの脳に影響されていることを感じていた。

ビルのチームは「なんであんな連中を集めたんだ？」というメンバーだった。

サディスティックな教授の課題は「3メートル先で70センチ高いところにある10センチ四方の箱に、輪ゴムで20グラムの重りを飛ばして入れなさい」というもの。もちろん、輪ゴムを後ろに何センチ引っ張れば確実に入れられるかの計算式もちゃんと提出せよ、とのことだった。

2時間授業だが「終わったグループから帰ってよし！」とのことだった。教授は「こいつらは絶対に2時間で終わるわけがない！」と思っているようだった。

私は、さっそくみんなに計算の割り振りをする。

「マークはこの計算をして！」と伝え、他のメンバーには別の計算を割り振って渡して、できたらお互いに声をかける。出来上がってきた計算式をチェックしあって、間違いがないことを確認して教授のところに持っていく。

「まだ15分しか経っていないのに、お前ら適当にやっただろ！」と教授。

「いや、教授！　ちゃんとチェックしてください！」とマークが言うと、教授は「じゃあ、とり敢えず箱に入るかどうかやってみてからだ！」と不服そうに言う。

計算した距離だけゴムを引っ張って手を離すと「カラン！」という音が教室に響く。私たちは「やった～！」とハイタッチをしながら飛び上がる。

「いや！　そんなわけはない！」と教授。

マークが「わかりました！」と自信たっぷりに輪ゴムに重りをつけて、同じように後ろに引っ張って「カラン！」と音がした時に、教室中が「あいつらすげ～！」という声が響く。

教授は「まぐれじゃないのか？」とまだ認めようとしないので、私が「教授、計算式をチェックしてください！」と伝えると、教授は慌てて提出した計算式を確認した。そして悔しそうに「帰ってよし！」と一言。

私たちは、わーい！　とハイタッチをしながら、カバンを手にとり後ろを振り向かずに教室から飛び出して、それぞれが寮の部屋へと消えていった。

「あれ？　もうちょっと喜び合わないの？」と教室の外にとり残された私はあっけにとられる。まあ、いいか！　と私も気をとり直して自分の部屋に向かって、こんなに時間があるから何を勉強しようか考え始めていた。

部屋で勉強をしていると、隣のビルの部屋のドアが開いたのが、40分後のことだったので「やった！」と嬉しくなってしまう。ビルの部屋に行って「俺たちが勝った！」ということを主張したかったが、まだまだビルの脳を使わなければいけない気がしていたので、そこはぐっと我慢をした。

次の授業の時に、教授が嫌味ったらしく「日本人はチームワークにした時は優秀だが、個人個人の成績は欧米人の方が優れている」と言った。

後になって考えると「あれって、私に対する個人的な攻撃じゃん！」と気がついてしまう。でも、私はそれが妙に嬉しかった。「やっと対等に扱ってもらえる！」という感じ。

「日本人は集団になると強い」というのは「脳のネットワークをうまく利用してお互いの能力を補い合うから」なのだろうと思った。

他の連中は、結局、2時間内に箱に入れられなかったグループもあったらしい。計算式が合わなければ、箱に入れるのは難しい。役割分担をして脳のネットワークをうまく利用すれば計算が早くなるはずなのに「自分一人で何とかしなければ」となっていたから「いつまでたっても計算が合わない」となっていた。

子供の頃グループに入れてもらえず泣いていたことを思い出す。優秀な子のグループに「入れて！」と声をかけることができなかった。あの時、優秀な子のグループに入って脳のネットワークが使えたら勉強の仕方も変わっていたんだろうな、と思いながらも、このおもしろい仕組みに気がつけただけでも「よかった！」と思えるようになってきた。でも、この「脳のネットワーク」が本当に存在しているのかどうか、もっと検証する必要がある気がして、その機会を狙っていた。

これまで自分が背負ってきたもの

宗教学の担当であったディッケンズ教授の部屋のドアを私は申し訳なさそうに叩く。ディッケンズ教授は優しい笑顔で「どうぞ！　今日はどんなことでいらっしゃいましたか？」この教授の優しさに入学した当初、どんなに助けられたか思い出して、ぐっと喉が詰まった。

私は思い切って「専攻を宗教学から心理学に変えたいんですけど」と伝える。

それまでの私の人生経験だと、優しかった教授が鬼のような形相になり「なんだ！　お前は宗教学で入学したのに、今更その成績で心理学に専攻を変えるなんて許されるわけがないだろ！　それだったら退学しろ！」と怒鳴られて「がーん！」となるパターンだった。

しかし、ディッケンズ教授の優しい顔は私の目の前で変わることなく「そうだと思っていましたよ！」と変更手続きの書類を机から出してくれた。「あ！　教授は知っていたんだ！」と思わず声が出てしまい、教授は「そりゃそうでしょ！　だって大嶋さんは宗教の授業をほとんどとらないで心理学ばかり選択していたわけですから」と言われて「確かに！」と答えてしまった。

「大嶋さんはよくがんばっていますよ」と優しく言われ、涙があふれた。教授は私のことをちゃんと見ていてくれた。

ディッケンズ教授の部屋を後にし、次の難関である、心理学のサイツ教授の部屋の前に立っていた。

今やらなければ、宗教学をやめてしまって宙ぶらりんになってしまう。そんな立場は自分には耐えられない、と思って「えーい！」と教授の部屋のドアを叩く。

サイツ教授は以前授業で「生徒の顔を見ただけで、生徒が感じていること、考えていることが伝わってきてしまうから、私は学校の敷地を歩くときは下を向いて歩く」と話していた。目が合った瞬間に「あ！　読まれた！」という感覚があった。でも、やっぱり喋らなきゃならないよなと思って「サイツ教授！　宗教学から心理学に専攻を変えたいのですが、担当教授になっていただけますか？」と言った。その時のドキドキ具合は、異性に告白をする時に匹敵した。

サイツ教授は、真面目なのかお茶目なのか、顔を覆っているヒゲでよくわからない。

「あれ？　大嶋さんの担当教授はカタスキー教授にするはずじゃないんですか？」と言われて、私は軽くショックを受ける。

カタスキー教授は堅物で融通が効かなくて、英語のハンディーキャップがある私に対しても他の生徒とまったく同じように扱ってくださり、ちょっとしたスペルミスでバツをつけられて心理学の授業で唯一Ｃマイナスをつけられた苦い思い出があった。

私はドキドキしながら「サイツ教授に担当をお願いしたいです」と伝えた。するとサイツ教授は「以前も授業で話したかもしれませんが、大学院で勉強していた時よりも、軍隊で精神科医の勉強をしていた時よりも、この大学で心理学を勉強した時が一番きつかったのですが、大嶋さんはそれでも大丈夫ですか？」と聞かれた。

確かに、心理学の授業で初日に２００人いたのがもう十数人しかいなくなっており、さらにここから厳しい授業で落とされていくのはわかっていたので「大丈夫！」とは言い切れないが「私はサイツ教授のもとで心理学を専攻したいんです！」と本音モードで伝えてみた。

この本音モードは、英語がうまく喋れない私には、いつの間にか武器のようなものになっていた。

子供の頃から、相手の気持ちを忖度してごちゃごちゃ考えて「あわわ」という感じで言葉が出なくなっていたが、英語だとなおさら話せなくなっていた。

ある時「本音モード！」と自分の中で叫んで本音で話すと、シンプルな英語が口から出てきて相手に通じることに気づいたのだ。

本音モードでサイツ教授に伝えてみたら、サイツ教授はにっこり笑って、黙って手を出して「書類を出しなさい」と言ってくれた。この教授はヒゲのせいでどこまで真面目なのか冗談なのか見分けがつかない。

「教授、一つおもしろいことを発見したんですけど！」

私は、遠足で泣いたことをきっかけにみんなと勉強をするようになってから教科書を理解できるようになったことを話してみた。するとサイツ教授は「それは大嶋さんの緊張がとれたからですかね？」と私が思っている答えとは違う答えが返ってきた。

確かに緊張も関係しているかもしれないけど、勉強ができる人と一緒に勉強をすると、より理解が進み、そうじゃない人と比較すると違いがあるような気がしているんです、と伝えてみた。

教授は「大嶋さんが言っているのは、相手とコミュニケーションをとらなくても一緒にいるだけで相手の影響を受けるということですか？」と言った。やっと通じてきた、と安堵する。

サイツ教授は「そういえば大嶋さん、ある時から急に英語を喋るようになりましたが、あれは何がきっかけだったんですか？」と言った。「さすが一流の心理学者だな！」と感動した。そのきっかけを思い出した。

私は裸を見られるのが恥ずかしかったので、いつも寮の廊下に誰もいないことを確かめてからシャワーを浴びに行っていたのだが、ある夜、シャワーを浴びて出ようとすると、タオルがなかった。

「あー！　これっていじめなんだ！」と思ったら、わなわな震えてきて、「誰じゃ～！」と叫んでいた。

「誰が俺のタオルをとったんだ！」と英語で怒鳴り、シャワー室のガラス扉が割れそうな勢いで飛び出した。寮のフルメンバーが廊下の両脇に列をなして座って私が出てくるのを待っていて「わー！ヌードショーだ！」と拍手をしそうになったが、私の怒鳴り声でしぼんでしまった。

一番近くに座っていたヤツの胸ぐらをつかんで「お前か！」と引っ張り上げると「ブルブル！」と首を横に振る。「だったら誰じゃ～！」と胸ぐらをつかんで持ち上げて、大声で脅す。

みんなが一斉にそばかすのリックの方を指差す（ルームメイトのリックはすでに寝ていてそこにはいなかった）。

「お前か！」と裸のままガニ股でそばかすのリックの胸ぐらをつかむ。そして柔道の絞め技でそばかす顔を青く染めてみた。周りの連中が慌てて止めに入る。学生時代のいじめを思い出して「なんぼでもかかってこいや！」という感じで応戦体制に入る。

するとダンが「それはアメリカの戦い方じゃない！　アメリカの方式で戦え！」と言って、シェービングクリームをそばかすのリックと私に渡す。

私は即座に、そばかすのリックを投げ飛ばし、馬乗りになって「おりゃ〜！」とシェービングクリームを顔に塗りたくる。鼻の中まで丁寧にシェービングクリームで満たして「もうやらないか！」

リックは咳き込みながら「もうやりません！」

私は「おりゃ〜！」と雄たけびを上げて立ち上がり、みんながわーっと寄ってきて、私の手を高く持ち上げて、周りでジャンプをしていた。

そんな騒ぎでルームメイトのリックが起きてきて「ホールファイトか！　ホールファイトだ！」とテンション高く飛び上がっていた。

この出来事をサイツ教授に説明すると「もしかしたら、社会心理学のアリの２・６・２が関係しているかもしれませんね」と言った。

１００匹のアリがいても、働くアリは20匹だけ。その働いている20匹を集めて１００匹にしても、やっぱり、その中で働くアリは20匹になる。どんな集団でも２・６・２の比率で、２割は働くアリ、６割は働くふりをするアリ、２割はまったく働かないアリに分かれる、という説明をされた。

「働いているふりをする」という教授のフレーズに私は「はっ！」とした。

脳のネットワークがあって、集団は自動的に２・６・２に割り振られてしまう——。

働いている2割のストレスを、働かない2割が請け負っているのでは？　というアイディアが浮かび、教授に話してみた。

教授の部屋の壁には、精神的に病んでいた子供たちの絵が飾ってあった。教授はその絵を見つめながら「それって、もしかしたらあるかもしれませんね」とため息交じりに言った。教授も私もボーッとして沈黙が続いたので、私は教授にお礼を言って部屋を後にした。とんでもないものをサイツ教授からもらってしまったのかもしれない、と思いながら。

発見！　浮き輪モード！

サイツ教授の部屋に飾ってある子供たちが書いた絵を見ると、いつも息が詰まる感覚があった。普通の人が見たら「教授のお子さんの絵ですか?」と尋ねるはず。「子供の描いた絵だから、鼻を書き忘れていても気になりません！」という感じになるのだと思う。

でも、絵をよく見てみると、不気味な笑顔をしている両親の顔には鼻が描いてあるのに、なぜか子供だけ鼻がない。それを不思議に思っていた。

「働いている上位2割のアリのストレスを、まったく動かないアリが請け負っている」と、とっさに出てきた自分の意見から「あ！　そういうことか！」と気がついてしまう。

　子供の頃、休みになると父方の祖母のマンションに車で連れて行かれた。私は「おもちゃを買ってくれるおばあちゃんのところに行ける！」と嬉しくてワクワクしていた。父も母も幼稚園児の私から見たら「ちょっと厳しいお父さんとお母さん」という感じだったが、おばあちゃんのところに行く車の中では、私が後部座席で寝てしまっても「大好きな東京タワーが見える時に起こしてくれる優しいお母さんとお父さん」という印象。そんな、楽しいはずの車の中で、私は「どうして僕は呼吸をしているんだろう？」と考え始めてしまう。そこから「あれ？　僕はどうやって呼吸をしていたっけ？」と呼吸の仕方がわからなくなり「苦しい～！」となり、苦しみの中で一生懸命に呼吸をしようとして、力尽きて気を失ってしまう。前の席に座っている両親は、そんなことで私が苦しんでいたなんてたぶん気づきもしなかった。

　当時「優しい感じ」と思っていた母親は、姑から虐められたせいで死産までした。その姑のところに行くのだから、ものすごいストレスを感じていたはず。

　そして父親は、親戚から会社の運転資金としてお金を借りたら、親戚がそれを闇金融に回してしまって、高金利の借金取りに苦しめられていた。会社は倒産寸前で父親が一家心中まで考えていたことなど、子供の私には想像もつかなかった。

熱心なキリスト教徒の両親は、日曜日に教会に通う立派な人と見られていた。子供の私には、そんな両親の心の中で渦巻いている怒りや不安、恐怖の感情を知るよしもない。

　脳のネットワークというものがあって、アリの２・６・２のシステムが人間にもあるなら、両親の抱えていた苦しみを、子供の私が請け負う形になっていたのだと思う。

　だから母親のストレスがマックスになる「祖母のマンションへの道すがら」で私は母親のストレスを受けて息苦しくなっていた。父親は、その母親の高まったストレスに刺激されて仕事上の怒りなどが運転中にマックスになるが、それを外に出さないでいられたのは、それを請け負う下の２割の存在である私がいたから。私はそのストレスを知らないうちに請け負って息がまともに吸えなくなっていたが、そんなカラクリなど誰も教えてくれないから「自分がこんな状態になるのがおかしい」と思ってずっと隠していた。

　ストレスを請け負って息が吸えない子供には鼻がいらない。サイツ教授の部屋にあった絵を描いた子供は無意識のうちに鼻を描かなかったのではないか。

　あの絵を見ると息苦しさが襲ってくる。自分だけ酸素が薄い。一生懸命に息を吸っても、苦しくなっていくあの感覚。

　あの絵を思い浮かべ、子供の頃の車の中での出来事を思い出していたら、両親の脳のネットワークと繋がってしまって「苦しい～！　息がうまくできない！」という懐かしい感覚になる。息が吸えなくて酸素が薄い感覚になって苦しくなるから「白昼夢」の世界に行ってしまうのだな、とだんだん仕組みがわかってきた。あの幼稚園の頃は「気を失ってしまう」という感じで寝ていたが、それと同じようにこの息苦しさから逃れるために白昼夢の世界に逃れる。

「苦しみが極限まで行くと脳内麻薬が分泌されて苦しみを麻痺させようとする」が思い出されて「それで白昼夢に入ってしまうんだ！」と納得し、パズルのピースがはまっていく。

母親から散々「あんたはすぐに逃げる！」とか「何一つちゃんと完成させることができないダメな子」と叱られてきたが、何もかもがどうでもよくなってしまうあの感覚は、人に理解してもらえない苦しみから分泌される脳内麻薬の影響なのかもしれない。

海で大きな波にのまれたとき「このまま死んでしまうかもしれない！」となったことがあった。あのときも、一瞬「このままどうでもいいか！」という感覚になったことが思い出される。

けれども同時に「いや、待てよ！　なんで俺がみんなのストレスを請け負って沈んで行かなきゃいけないんだ！」と怒りが湧いてきた。

「お前がいくらがんばったって、相対的評価で成績が良いやつと悪いやつは教師の中で決まっているのだから、できないことは最初からやるな」と中学のとき、教師に言われたことが頭に浮かぶ。

成績が良いやつがトップの2割で、私は勉強も運動もまったくできないダメなヤツ。みんなからのストレスを背負わされている、いじめられっ子。という役割でこれまで生きてきた。

教師が言う通り「もがいたってダメ！」というのはあるのかもしれない。なぜなら、海で溺れたときがそうだったから。もがけばもがくほど苦しくなり、やがて「もうどうでもいいや！」という感覚がやってくる。このまま息苦しさに耐えていたら、こんな風に白昼夢の世界に飲まれて時間だけが無駄に過ぎていき、下の2割の役割を優秀な2割のためにやり続ける。そんな仕組みは誰も知らなくて、誰からも感謝されないのに。

息苦しくなって白昼夢の世界に沈んでいきそうになったとき、突然、私の頭に「浮き輪」が浮かんだ。あれ？　なんなんだ？　これは？　朦朧とした意識の中で私は思う。

私はこのまま沈みたいのか？　それとも自分の役割を変えてみたいの？　目の前に浮かぶ浮き輪を眺めながら思っている。

限界に達したのかもしれない。もう、こんな息苦しい生活は嫌だ！　と思ったとき、私は「浮き輪モード！」と頭の中で叫んでいた。

あれ？　これって私が英語を喋るときに武器として使っていた「本音モード」と混ざっちゃったじゃん、と一瞬思ったが、次の瞬間「あれ？　息ができる！」となった。

「浮き輪モード！」と心の中で叫んでみたら、あの息苦しさは気のせいだったという感覚になった。

他人の苦しみを請け負うという罠

どの授業でも「優秀な生徒に近づいて真似をする」をしていると「授業やテストはものすごく大変だけど、なんとかクリアできるかも！」という感じになっていた。

心理学の実験のとき、私はふと「この授業は優秀な人の助けを借りないで、自分の実力でやってみよう」と「優秀な人の真似をする」をやめてみた。自分一人でもみんなと同じかそれ以上にいい実験ができるはずと、なぜかその授業だけは確信のようなものを感じていた。

そんなときに、イケメンのウエインが「ノブ、俺と一緒に実験をやってくれないか？」と声をかけてきた。

遠足のミーティングで、ウエインは貧しい母子家庭で生きてきたことを知っていたので「嫌だ！」とは言えず、ウエインと一緒に実験の論文を作成することにした。

私は図書館に通って、過去の心理学的実験の論文を読み漁って「どんな実験をしたらおもしろいかな？」を探ってみた。近くの州立大学の図書館まで行かなければちゃんとした論文が読めなかったので、友達に連れて行ってもらって夜遅くまで他校の図書館で論文を検索して読みまくっていた。

そして、帰って論文のコピーを広げているとウエインがやってきて「ノブ、なんかいい論文はあったか？」と私がものすごい時間をかけて探してきた論文のコピーを「ちょっと貸してくれ！」と持って行ってしまう。

「え～？　ウエイン！　あんたは、論文検索をしているのか？」と聞くと「アルバイトで忙しくてそれどころじゃない！」という。

まあ、私と同じように家が貧乏で、学費や生活費を自分で稼いで払わなければならないのだからしょうがないかと思うし、私だって優秀な生徒のところに行って「ノートを見せて！」とこれまで散々、人にお世話になっているのだから、ここで断る理由がないだろと思って貸していた。

できるならばウエインにもいい実験論文を書いてもらっていい成績をとってもらいたい、と思って「よーし！　もっといい論文を探してこなきゃ！」という感じになっていた。

ウエインも私も教授から成績を上げるための加算点が欲しかったので「今回の実験論文を心理学会のポスター発表に出します！」と言ってしまった。だから中途半端なものは作れないのだが「あれ？ウエイン！全然進んでないじゃない！」というのが手にとるようにわかってしまう。アルバイトに行くのはいいのだが「その後に彼女とイチャイチャしているなよ～！」という感じで寮に遅くに帰ってくる。そして「疲れた！」と寝てしまう。

その間も私は、徹夜状態で必死に「実験論文の計画」を立てていたのだが、ウエインとは同じ実験だが論文自体はまったく別だからウエインの成績など気にしなければいいのに、ウエインのお母さんが悲しむ顔が浮かんでしまい勉強に集中できなかった。

自分の中の気持ちは半々。

「ウエインが実験心理学で成績を落としてしまったらかわいそう」と思う一方で「ウエインがこの実験で失敗したら、自分の成功を教授にアピールできるかも！」という邪な気持ち。邪な気持ちをわざと前面に出そうとするのは「あいつ大丈夫かな？」という心配で押しつぶされないようにするため。

そう、ふっとしたことでウエインのことが思い出されて集中力が切れてしまう。そして、ウエインをどう助けてあげたらいいのかを考え始めてしまい、どんどん苦しくなる。幼稚園児の頃、車の中で体験した息苦しさが戻ってきてしまう。自分でもその理由がわからない。どうしてウエインのことを心配すると息苦しくなってしまうのだろう？

息苦しさを解消するために深呼吸とか瞑想とかをしてみてもちっとも改善しない。そのうち疲れ果てて寝てしまったり、白昼夢の世界に入ってしまう。

「あ！　これってサイツ教授が言っていた２・６・２の現象かもしれない！」と気がついて「浮き輪

モード！」と頭の中で叫んでみた。すると「ふー！」と息が深く吐けるようになって呼吸が楽になった。

ウエインのことが頭に浮かんできたら「浮き輪モード！」と唱えると、呼吸ができるようになり、ウエインのことがどうでもよくなってくる。

意識的に無理やりウエインのことを考えないようにしなくても、「浮き輪モード！」と頭の中で叫んでみると息ができるようになることがわかって面白くなる。

もっとおもしろかったのは、私が「浮き輪モード！」と唱えて息苦しさから解放されていくと、ウエインがちゃんと自分で研究を進めるようになったこと。

それまで私が「おい！　そろそろ実験のデザインをやらなきゃ間に合わないぞ！」と何度言ってもウエインは自分からやろうとしなかったのに、突然、眼鏡をかけた秀才君のように変身し「おー！ウエインの実験の方がうまくいってるかも！」となったのには驚いた。

この時に「脳のネットワークって本当にあるのかもしれない！」と実感した。

「実験をなんとかしなきゃ！」というウエインのストレスを脳のネットワークで私が請け負ってしまっていたから、ウエインはストレスを感じない状態になっていた。

「他人のストレスは請け負っても決して処理することができない」から、私はウエインに注目を向けることで常にフレッシュな苦しみを感じていた。

私の自己肯定感はものすごく低かった。私の夢は「途上国に行って、肥やしになりたい」であった。自分には何も価値がないと思っていたから。

幼い頃から感じていたあの苦しみは、もしかしたら「人の苦しみを請け負ってあげるしか価値がない！」と思っていたからでは？　自分は苦しみながら犠牲になろう、という感覚が気づかないところに隠れていた気がした。

けれども、今回のウエインの件で「自分が２・６・２の下の２割になったところで相手は救われない！」ことがはっきりわかった。それだけじゃなくて、相手のストレスを奪うことで相手を動けないようにして腐らしていたのだ。

そして「相手のストレスを処理しようとしていると、苦しみが変わらずフレッシュなままになってしまう」ということ。自分のストレスであれば、自分が動けば解消できるが、他人のストレスは相手が解消しようとしない限り変わらないから苦しみがずっと続くのである。

「浮き輪モード！」で相手のストレスを処理することを止めてみると違った世界が見えてきた。

いつのまにか私もウエインも自由になり、学会でお互いの研究論文を自慢げに披露していた。こんなことは私にもウエインにも無理だと思っていたのに。

ストレスを請け負うのは人助けではない

ウエインと心理学の学会でのポスター発表をやり遂げて「これからは優秀な人と一緒に勉強をしなくても大丈夫かも？」と思うようになっていた。ズルをしているわけではないのだが「優秀なビルの脳のネットワークに繋がってなんとか卒業しました！」としたくなかった。

授業中のビルのどっしりした態度から理解力まで「ビルには敵わない！」という気持ちがあったからこそ、このままビルに頼っていてはいつまでも自立できない、という不安があった。

そこで、これまで「勉強をしているふりしかできない！」状況になっていた図書館での勉強に挑戦することにした。

実験や研究のために論文を探しているときは図書館にいてもまったく違和感がないのだが、いざ教科書を開いて勉強しようとすると白昼夢の中に入ってしまっていた。

今回は、ウエインとのやりとりで「自分はもう大丈夫！」と思って臨んだが、図書館に入った途端に「いつもの自分と何かが違う」という感覚になる。誰もいない読書ブースを選んで陣取るが、実家で母親に「あんた、ちゃんと勉強をしているの？」と見張られていたときのような感覚になり「勉強をしているふり」をしている。

「おい！　しっかり集中して！」と自分に喝を入れるが、「あー、喉が渇いた！」と水を飲みに行って「あ！トイレに行きたくなった！」とすぐに席を立ってしまう。

「あいつ、落ち着きがないな！」と周りの人から見られている気がして、さらに集中できなくなる。

あれ？　自分ってどうやって勉強をしていたっけ？　とわけがわからなくなってしまう。

そのうち、日本の学校でいじめられていたことを思い出し、涙目になりながら、いじめっ子に怯えて何も反論できない惨めな自分の感覚が戻ってきてしまう。

お前はいつも勉強をしているふりをしているだけでちっとも身になっていないし、これからも役に立つことはないダメ人間、というあのいじめっ子たちの声が頭に響いてくる。

そう、自分は何をしたって無駄。こうして勉強をしているふりをしたって、中身はちっとも変わらないあの惨めないじめられっ子のまま。これからもそれがずっと変わることがないし、お前にはそれを変える力はない、といういじめっ子たちの言葉が頭に響いてきてしまう。

「あれ？　ちょっと待てよ！」

なんでいつも図書館に来るとこんな気持ちになってしまうんだろう？　もしかしたら、この頭の中に嫌な感覚がいっぱいに広がって夢も希望も持てなくなってしまうのは、脳のネットワークで、2・6・2の不快感の処理係にされているからではと思った。

そこで「浮き輪モード！」と頭の中で叫んでみる。すると、呼吸がちゃんとできていなかったことに初めて気がつく。図書館に通っている人たちの不快感を脳のネットワークで受けとって溺れかけていたのだ。

もう、人の不快感を処理する２・６・２の下の２割の役目はいたしません！　という言葉が自分の中から出てくる。

私は自分が苦しむことで人助けをしていると、心の奥底で思っていたことに気がついた。幼い頃「あなたは死にたいって思ったことがある？」と母親に聞かれたことが思い出された。それは、今考えると「母親が死にたいと思っている」ということがわかる。その頃の私は、母親が苦しみの中で死んでしまうかもしれない、と思ったからこそ「自分が２・６・２の不快感を請け負う役をやろう」となっていたのだ。

自分がダメ人間になって動けないでいることで、母親や苦しんでいる人たちのストレスのはけ口となってその人たちのことを救っている、という妙な感覚。この図書館でも私は同じことをやっていたのだ、ということに気づいた。

「イエスキリストがみんなの罪を背負って十字架にかかって死んだ」というキリスト教の教育を受けてきた。自分もイエスのようにみんなの罪を背負って朽ち果てようとしている。そんな傲慢な気持ちが私の中にあるんだと認めてしまった。正直な話、それをずっとやり続けてきたから、それを手放すのが惜しかった。

「浮き輪モード！」と頭の中で何度も叫ぶのは、その力を手放そうと思えるようになったから。「浮き輪モード！」と叫んでいると、周りの視線や言葉はどうでもよくなってきた。

そして、いつの間にか教科書に集中できるようになって、内容がスラスラ頭に入ってくる。しばらく集中し続けて「あ～！　疲れた！」となっている時に、ウエインのことを思い出していた。自分が周りのストレスを請け負わないことによって、周りが変わって、おもしろいことが起きていく！

この図書館に引きこもって苦しみながら過ごしている人たちが、あのウエインのように変わっていけるのでは？

この場に及んでも、人に影響を及ぼすことを考えてしまう自分がちょっと嫌になる。そんな自分の心の仕組みが知りたくて、私はさらに教科書の世界に没頭する。いつしか、自分がここから解放される夢をみながら。

罪に怯え続けてきた悲惨な過去

サイツ教授の宗教心理学は、毎回、分厚い教科書からの課題に合わせた「ディスカッション（議論）」形式だった。だから、ものすごい分量のページを読んで予習していかなければならないし、ディスカッションの場で意見をぶつけ合う必要がある。ウエインは「そんな課題をこなすなんて無理！」とその授業をすぐに落としてしまい、ビルと心理学部に残っている数名だけがその授業に参加していた。

他の授業ではビルに勝てる気がまったくしなかったが、このディスカッションだけは「ビルにも負ける気がしない！」くらい自信があった。

実際に、ディスカッションが始まると、みんな牧師の娘や息子だったりするのだが、みんなの発言に私は疑問を呈して、簡単に相手を論破できてしまう。

私が発言をすると、ディスカッションがそこで終わってしまう。みんなが反論できない正論を言ってしまうから議論が止まってしまうのだが、参加しないと点数がもらえないから「え～い！　言ってしまえ！」と意見を出すと「シーン」とそこから議論が進まなくなり、サイツ教授が私の言ったことをまとめることになる。

授業が終わって寮に帰る道すがら、めったに自分から声をかけてこないビルが「おい！　お前、すごいな！」と言ってきた。

「え？　何のこと？」ととぼけて聞いてみる。

するとビルは「お前は、相当、いろんなことで悩み苦しんできたんだろうな、アメリカに来てからじゃなくて、その前からずっと」と言う。

私はビルから「授業の時にあれだけ正論を言えてすごいな！」という嫌味を言われるものだと思っていたのだが、あてが外れて「ビルはやっぱりすごいな」と驚く。

ビルは珍しく自分の話をした。

「俺はキリスト教の家庭で育って、何の疑問も持たずにこれまで来てしまったけど、お前はずっと苦しみの中で迷って、救いを求め続けてきたんだな」と言われてしまい、私は涙目になった。

それと同時に、ビルも表面では私の苦しみを予測できるかもしれないけど、実際の苦しみはわからないだろうなと思った。

何をやっても何を思っても「罪」として、親からキリスト教の人たちから、そして神から裁かれている感覚。勉強を真面目にしなかった罪、友達のものを「いいな」と心の中で欲しがることも罪、友達から殴られて恨んでしまうことも罪、いじめられる存在になっていることも罪、という感じで罪まみれになっていた。

「ごめんなさい」と悔い改めても、母親から「罪を悔いあらためても、またすぐに罪を犯す」と言われて、その通りになる。学校でいじめられて泣かされて、恥ずかしい存在になって神の名を汚す罪を犯した、と薄汚れてしまう。大きくなって、罪にまみれて息苦しくなり、性的妄想に浸るのも罪として背負うことになり、自分がこの罪を裁かれることを恐れて誰よりも怯えながら生きている。

雷が鳴ったら「自分の罪のゆえに雷に打たれて死んで地獄に行く」と怯えてしまう。大きな入道雲が空に広がっていると「神が自分以外の人を救いに来て、自分だけがとり残されてしまう」と怯えて、慌てて牧師の祖父のところに涙を流しながら確認しに行く。

こんなに罪に怯えて生きている自分は価値がないのでは？　と自分でも思うし、たぶん、周りでもそう思われているだろうな、ということがなんとなくわかる。だって、どうやったって自分の罪を拭うことができないのだから。

「清く正しく生きよう！」と決心した途端にいじめが酷くなり、怒りと恨みにとり憑かれて、罪にまみれる。泣いて帰ってきたら、両親から殴られて「神の名を汚すダメ人間！」と裁かれる。自分の存在を毎日のように消したいと思うのだが、それをしてしまったら「永遠の地獄に落ちる」というのが最大の恐怖。

だから「絶対にそれだけはできない」と思っても、清く正しく生きることも、罪にまみれるのを止めることもずっとできなかった。

火災記事を新聞でちらっと見ただけで「自分も将来、永遠の業火で焼かれる」というイメージが湧いてきて、布団の中で震えながら必死に神に自分の罪を悔い改めて、いつしか気を失ってしまう、という毎日を繰り返していた。

こんな説明をビルに英語でできるわけがないし、こんなことを話し始めた途端にビルの目から光が失われてしまうのは目に見えていた。だから私は「ビル！　そんなに俺は悩んだり、苦しんで来なかったよ！」と笑顔で返す。

ビルは、私が言わんとしていることを受けとってくれたのか「そうか！」とそれ以上突っ込まないでいてくれた。この時に、なんとなく、自分が何かから解放されている感覚があった。

それがなんなのかはその時ははっきりわからなかったが、以前あったあの罪の感覚が自分の中から消えていくような予感がしていた。

「わからない」でＯＫ

宗教心理学の授業でディスカッションをするとき、私の中に「宗教というものがあっても苦しみがちっとも楽にならなかった」という怒りがあったから「負けないぞ！」という感じになっていた。それで他の生徒たちが宗教に対して理想的なことを言っても、ことごとく片言の英語で論破していた。でも、それをしたところで自分が楽になるわけじゃなくて、逆に救いがなくなるのでどんどん苦しくなる。そんな私をサイツ教授は黙って見ていた。

ある時、宗教学の有名な父親を持つスウェーデン人のエリックが、それまで付き合っていたマネットと別れてしまった。マネットは優しい子でいつもハンディーキャップのキャサリンの面倒を見ていた。英語が思うように話せない私の話にちゃんと耳を傾けてくれて「いい子だな」といつも感心していた。普通の女子学生は、私の英語を聞いた途端に私に対する興味を失ってしまう。それなのに、いつも私のそばに来てくれて「調子はどう？」と話を聞いてくれて、何かと助けてくれた。

マネットが別れた原因はエリックの浮気であった、という話がどこからか流れてきた。そして、歌手を目指していたマネットは突然学校を辞めてしまい、しかも妊娠して一人で子供を育てることを決心したらしい、ということをキャサリンから聞かされた。

エリックも友達であるが「あいつめ！　いつもヘラヘラしやがって！」と怒りが湧いてきた。エリックの軽率な言動でマネットは傷つき、人生の歯車が狂ってしまった。「お前はそれに対して何も責任を感じていないのか？」と聞いてみた。

すると「マネットが選択したことだから、そこに意味がある」とエリックは言った。「お前には罪意識がないのか？」と尋ねてみたら「ない！」とはっきり言ってのけた。

自分の軽率な行動で一人の少女の夢がぶち壊され、大学も中退して、わけもわからない男と関係を持って妊娠までして転落人生になってしまったのに「エリック！　お前は何も感じないのか？」と私はちょっと怒り交じりに聞いてみる。

「なぜ、お前は転落人生だと決めつけるんだ？」とエリックから逆に質問されてグッと答えに詰まる。マネットが選択したことをお前はなぜそのように否定的に捉えるんだ？　とさらにエリックから言われて、私は頭の中でぐるぐるといろんなことを考え始めた。

まず、そもそも私にエリックを責める権利があるのだろうか？

エリックの軽率な言動のせいでマネットを傷つけた、と私は言っているが、私も人のことをたくさん傷つけてしまい、その罪悪感で苦しんできたじゃないか。私の言動によって相手の人生に影響を及ぼしてしまったのでは？　と罪意識で苦しみもがいていた。だから、今ここでエリックを責めて「私と同じように苦しめ！」と言っているの？

自分が罪悪感で苦しんできたからお前も罪意識で苦しめって、おかしな話だよね！　と気がつく。

エリックのスタンスだと、マネットが現在、不幸かどうかわからない。選択した人生が幸せかどうかもわからない。確かにエリックを真似れば、エリックが浮気をしたからマネットが傷ついて別れた、というのも周りから流れてきた噂話だし、実際にどういう流れで別れたかなんて本人たちにしかわからない。

そして、ここでエリックに別れた原因を聞いたところで、マネットとの言い分が違ってくるだろうから「それを聞く意味がない」と悟った。

なぜ私は、「正しい、間違っている」にこだわって、人を裁こうとしているのだろう？　自分がずっと罪で苦しんできたのに。

私はエリックに「そうか！　そういうことか！　〝わからない〟でいいんだ！」とエリックの背中を笑いながら叩いていた。

私はすべてをわかろうとしていた。そしてわかった上で正しい道を選択しなければいけないと思っていた。でも、これまでの人生で何一つ正しい選択をしてきた感覚がない。常に失敗ばかりで「あっちを選んでおけばよかったのに」という後悔しかない。

宗教心理学では「自分は人一倍、宗教的な知識がある」と自負していたが、それ以上に「罪の苦しみがここにいる誰よりも重い」と感じていた。

人って「正しい or 間違っている」がわかって知識が増せば増すほど苦しくなる。それに気がついてしまった。

そういうことか！　あの宗教心理学の意図は！　と初めてサイツ教授が黙って私の話を聞いていたあの姿勢を理解した。

次の宗教心理学のディスカッションで話を振られた時、「わからない！」とみんなの前で堂々と私は発言をする。

みんなは「あれ？」と拍子抜けした感じになる。私が熱くなって熱弁をすることを期待していたらしい。

でも、私が「わからない」の発言をした時に、サイツ教授とビルだけが「うん、うん」と優しくうなずいていた。

私が背負っていたものから解放されたあの瞬間をあの二人だけが目撃してくれていた。

カマトトとは知っているのに知らないふりをすること

もし、私が白人に生まれてきたとしても「孤独」は消えない、ということが「かっこいい！」というヤツの話を聞けば聞くほど実感できてしまった。それは私にとってものすごくショックなこと。なぜなら、英語がもっと喋れれば自分の孤独が解消されると思っていたから。英語が流暢に喋れたとしても「人種差別的なことがあるから孤独が消えないのか？」と思っていたが、それは違っていた。

相手の話を聞く前に、「わからない」と頭の中で一言唱えてから相手の話に耳を傾けてみると「相手の本音が聞けるようになる」というおもしろい体験をしていたら「なんだ！　白人に生まれ変わったって孤独は変わらないぞ！」ということを発見してしまった。

いや、日本にいた時よりももっと強烈な孤独。「かっこいい！」ヤツの話を聞いていたら、それがリアルに感じられるようになる。まるで、天体望遠鏡で土星を見た時に真っ暗闇にポツンと星が浮かんでいる、あれを見た時の恐ろしい感じ。

でも、日本で感じていた私の孤独と、白人たちの話を聞いていて感じるポツンと真っ暗闇に浮かんでいる星のような孤独とは何かがちがう。この白人が感じている孤独と私が感じている孤独を比べたら、まだ私の方がマシかも、と思えてしまったから不思議である。

その違いは何かを探求している時間はなくて、そんなことをしている暇があったら宗教心理学の勉強をしろよと怒られそうなのだが、気になって仕方がない。

なんだか、嬉しいような悲しいような複雑な気持ちで、私が抱えてきた孤独はなんだったんだろう？とその答えが早く知りたくて「そうだ！　教授に相談しよう！」と思い立つ。

自分一人で考えても時間を無駄に過ごすだけだし、今更、図書館にあった新渡戸稲造先生の「武士道」を英語で読んで日本の孤独について研究する時間はない。

うーん、誰に相談しようかな？　と考えて真っ先に浮かぶのはサイツ教授と思ったが、サイツ教授に話をしたら、私の心の闇を引き出されるような感じがして、それもまた面倒くさいなと思って却下した。

日本に宣教師の子供として長年いた宗教学のライトマイヤー教授は日本の文化が大好きで、ものすごく優しい方なのだが、専門が宗教学なので罪の観点から孤独を読み解かれるような気がして「うーん、ちょっと避けようかな」と考える。

おー！　社会心理学者のモルトン教授がいた！　と思い出す。社会心理学だから、アメリカ社会と日本社会の違いから、何かヒントをもらえるかもしれない、とワクワクしてくる。

　モルトン教授は、私が一番初めに心理学の授業を受けた時に２００人の心理学部生は卒業時には10人まで減ると予言した人だった。実際、教授の予測通りに、現在の心理学部生は8人まで減っていた。

　モルトン教授の解釈心理学では、本を10冊読んでレポートを書いたらAの成績をやる、とおもしろいルールを提示してくれた。9冊だったらBで、8冊だったらCという厳しさであった。

　私は、連日のレポートの嵐と小テストの集中攻撃で精神的に参っていて、そんな時に自動車で事故を起こしてしまった。事故直後でもモルトン教授のレポートを書き続けて、包帯を頭に巻きながら「モルトン教授！　私は9冊読んでレポートを書き終えたのでBでいいです！」と限界まで振り絞って書いたレポートを提出した。

　すると、モルトン教授は私の提出したレポートをペラペラめくって、さっと流し読みした後に「大嶋さん、あなたはAをとりなさい！」と言った。

「いや、モルトン教授、無理です！」と私は包帯で巻かれた頭を指差した。

　モルトン教授は年季の入った舞台役者のような顔をしていて、ちょっと掠れた声で「いいや、大嶋さん、あなたはAをとりなさい」と言って、一冊の薄っぺらい本を渡してくださった。

「こんなに薄い本だったら読めるかも？」と誘惑に負けそうになったが、これから待ち構えているたくさんの課題のことを考えたら「今立っているだけで頭がフラフラするから無理」と思って、その本を教授に返そうとした。でも、モルトン教授は「あなたはその本を読んでAをとりなさい」となおも言うので、その本のタイトルを見た。

「Your God is too small（あなたの神は小さすぎる）」

そのタイトルを見た瞬間に涙があふれ出た。

そんなことがあったモルトン教授のところに質問をしに行くのはちょっと恥ずかしかったが、教授の部屋のドアをノックする。

「大嶋さん、今日はどんな用事でいらっしゃいましたか？」と教授。

私は、教授に「わからない」ということを念頭に人の話を聞くようになったら、羨ましかった白人の人たちの孤独に触れることができた、という話をした。

するとモルトン教授が「大嶋さん、これって他の授業の研究課題なのか？」と聞いてこられたのは、もしそうだったら、他の担当教授の邪魔をしたくなかったから。教授は心理学部の学部長だったのでそういうところは厳しかった。

孤独に気がついたら気になって仕方がなくなって質問をしにきたと伝えたところ「無駄なことをしない効率重視の大嶋さんが珍しいですね」と笑われた。

日本で感じた孤独とアメリカでの孤独について話をして「モルトン教授、何が違うかわかりますか？」と尋ねてみた。

モルトン教授は椅子に深く腰掛けて顎に手を当て目を閉じて考えてから、「私は日本の文化のことは詳しくないが」と切り出してから言った。

「君を日本人のサンプルとしてこれまで観察をしてきて、そして、君の体験を今一通り聞いて、何が違うのかを私なりにまとめてみたよ。「大嶋さん」と私があなたのことを呼ぶのは、あなたが私のことを「モルトン教授」とちゃんとリスペクトして呼んでくれるから。他の心理学部の生徒たちは「ジャック」とファーストネームで呼んでいるからね。そして君は、常に周りの生徒に気遣いをして、グループを大切にするところがあるね。最近の私の応用心理学では、日本で感じたような孤独は感じなかっただろう？」と聞かれてうなずくと、「でも、たくさん人がいた一番最初の基礎心理学の授業では日本で感じたような孤独を感じなかったか？」と聞かれて、確かにそうだったかもと思った。

あの時、みんながどんどん授業についていけなくなって落ちていく中で、英語がほとんど喋れないあなたが授業に通い続けていた。それを他の生徒たちが見て嫉妬していたのに気づいた、とモルトン教授はまるで舞台役者の演技のように言った。

あなたと他の白人の生徒との違いは「リスペクト（尊敬心）」である。あなたが日本人のサンプルだとすると、日本の文化には尊敬というものがあって、そこがあなたが感じた「白人の孤独」とは大きく違っている。でも、あなたは日本ではアメリカと違った「孤独」を感じて、それがあの基礎心理学の授業の時に感じたものであるなら、あなたが「孤独」と感じたものはおそらく「嫉妬」からきているものだろう。

要するに日本の文化の背景に流れているかもしれない「リスペクト」の裏側には「ディスリスペクト（無礼なことを言う、蔑む、軽んじる）」が存在している。心理学部を落ちていった連中は、君の「リスペクト」が有り余って嫉妬に転じたことで、「ディスリスペクト」の態度をとっていたことが考えられるから、大嶋さんが日本で感じていた孤独は「嫉妬」のことを指している可能性を私だったら疑う。

モルトン教授はそこまで言って「フー」と大きくため息をつかれた。

「私は嫉妬されるものが何もありません」とカマトトぶるのをやめ「本音モード」と頭の中で唱えて言った。

「モルトン教授、ありがとうございました、私の中ですべてが腑に落ちました！」と言って、モルトン教授に握手を求めた。それがこの国では、日本の深々としたお辞儀と同じ意図であり、教授への最大の感謝の印だった。

実験心理学の実験台になる

「モルトン教授にあんな質問をして大丈夫だったかな？」と後になって後悔するのが私の悪い癖。だから、モルトン教授の応用心理学の授業に参加するのが怖かった。

チャイムがなってモルトン教授が入ってきた時、私は教授と目を合わせるのが怖かった。

するとモルトン教授は「先日、大嶋さんが私の部屋にやってきて、興味深い話をされたので、それを大嶋さん、みんなと一緒に共有しようじゃありませんか！」と言ったので、びっくりした。

「さあ、大嶋さん、何があったかをみんなに説明してください！」とモルトン教授に言われ、私はやむを得ず話し始めた。

たどたどしい英語で「アメリカ人の孤独と日本人の孤独が違うことに、カウセリングの手法を使って話を聞いていたら気がついた」とだけ伝えた。

これに対して、隣に座っているビルも周りの生徒らも無反応となっている。

モルトン教授は「大嶋さん、孤独でどんな違いがあると気がついたの？」と質問をしてきた。

小学生レベルの英語でそんな説明をするのか、とものすごく頭が重くなってくる。

「アメリカ人の孤独は暗黒の宇宙にぽっかりと浮かんで、すべてのものから切り離されているような孤独だが、日本で感じた孤独は、人との間が繋がっているのに感じる孤独であることが興味深かった」とだけ伝えた。準備もなく緊張した状態で、私に説明できるのはそれが精一杯だった。

モルトン教授はさすがにしびれを切らしたようで、日本人にはリスペクトがあって、アメリカ人にはそのリスペクトの精神が薄くなってしまったから人間関係の繋がりが薄くなり、そして孤立した孤独を抱えることになったのでは？　ということを大嶋さんが話していたと言った。

「ちょっと待って、モルトン教授！　私、そんな大それたことを言っていませんけど！」と言いたかったが諦める。

モルトン教授は「大嶋さんは、日本には人に対するリスペクトがあるからアメリカ人のような孤独は感じないが、もっとドロドロした孤独を感じていて、それが嫉妬であった」と続ける。

「おーい！　モルトン教授！　私が英語を喋れないことを利用して、いいように話を作っているでしょ！」と心の中で突っ込む。

モルトン教授は、白髪の髪の毛が冠のような状態で、左右に歩きながら話す姿はシェークスピアの舞台役者のよう。

大嶋さんが発見したのは、日本人にはリスペクトの精神があるけど、それが過剰になると嫉妬になる。大嶋さんは他者からの嫉妬の感情を浴びて、それが孤独だと感じていた。要するに、みんなが感じている「誰とも繋がれない」という孤独と大嶋さんが感じていた嫉妬される孤独とは違っていた、ということなんだと言った。

ビルも他のみんなも「だから何？」という顔をしていて、まったく興味を示さない。

おーい、モルトン教授！　この冷めた空気をどうしてくれるんだ～！　と私は穴があったら入りたい気持ちでいっぱいだった。この話を始めた時から、こんな結果になることがわかっていた。誰もこんなことに興味を示さない。誰も私になんかに興味を持つわけがない。

それでもモルトン教授は止まらない。

大嶋さんは、この応用心理学の授業では、日本で感じたような孤独は感じなかったが、みんなも参加していた一番初めの基礎心理学では日本で感じたような孤独を感じていた。さて、それはどうしてだろう？　とみんなに質問をする。

「それは、ノブがアメリカ文化に慣れてきたからじゃないか？」とビルが自信たっぷりに発言し、みんなも「うん、うん」と納得する。

モルトン教授は「確かにそれもあるかもしれない、でも、みんな、基礎心理学にいたときの大嶋さんのことを思い出して、その時、持った印象を教えてくれないか？」とみんなに質問を投げかけた。

するとビルが「クソ生意気なヤツ」と汚い言葉を使った後に「あ！　汚い言葉ですみません」と訂正していたが、私の中で「ガーン！」という衝撃が走った。

するとカウンセリングの授業でパートナーを組んでくれている姐御タイプのアンバーがビルの発言

につられてなのか「人のノートをコピーして楽をしようとする図々しいヤツ！」と言った。おーい！　カウンセリングの演習、もうアンバーとできないかも！　と絶望的な気分になる。

その後もみんな調子づいたのか、次から次へと「自分で努力しないヤツ！」とか「英語ができないからって甘ったれているヤツ！」という発言が出てきて、私は涙目になっていた。

モルトン教授は「今も、同じ印象か？」とみんなに問いかけると、みんなが一斉に首を横に振る。

私は救われた気持ちになったが「え？　それで今の私の印象は？」とちょっとでもさっきの最悪の気分を口直ししたかったので聞きたかったのだが、モルトン教授はスルーして「そうでしょ！　さっきみんなが持った勝手な印象は嫉妬からきているんだ！」と言った。「え？」とみんなが一瞬固まって、ざわざわっとなった。

自分たちがそんな嫉妬なんかするわけがない、と思ったのか「信じられない」という様子だったが、さすが心理学部の優秀な連中で、今の印象と過去の印象の差から「なるほど！」という表情に変わっていく。

モルトン教授は「大嶋さんを観察していて、途中から周りの嫉妬を受けなくなり、急激に成績が伸びた時期があったが、それは何があったのかね？」とまた私に質問をしてくる。

もー勘弁してください！　と心の中でつぶやきながら、私は、寮のみんなと一緒に行ったキャンプの話をした。

グループミーティングの時に「自分のことなんか絶対に話さない！」と思っていたのに、話をしてしまって涙が止まらなくなり顔があげられなくなった時に、みんなの温かい手を背中に感じて、顔を上げたらみんなが一緒に泣いてくれていたエピソードを話したら、その話を初めて聞いたアンバーが涙を流していた。

モルトン教授は、そんな反応を無視して淡々と説明をしていく。

「そこをきっかけにみんなの大嶋さんの印象も変わっていったと私は推理している」と言ったところで、ビルが「確かに！」と声を上げた。要するに「大嶋さんという人間に対する恐れというものがそのミーティングをきっかけに軽減されてみんなの印象が変わった」ということであれば、「大嶋さんの中にあった恐れというものがみんなの嫉妬心を誘発するものであった」ということが考えられる、と。

私は教授の話についていけていなかった。それはビルも一緒だったみたいで「ジャック！　それと先ほどのリスペクトの文化とどのように関係があるの？」と質問をする。

モルトン教授は次のように答えた。

「日本は地震、津波や台風、そして火事などが多いため、〝災害に対する恐れ〟がベースにあると考えられる。そのため、ありとあらゆるものを神として祀る八百万の神というのがあって〝神を畏れる〟という文化があったのかもしれない。大嶋さんの場合はキリスト教の家庭で育っているが、神に罰せられ地獄に落とされるかもしれないという怯えで生きてきた。この恐れというものが、リスペクトの正体なのでは？　と私は考える」

頭のいいアンバーが「確かに、キリスト教の聖書の中でも〝神を怖れよ〟と出てくるのはリスペクトのことですよね」とフォローする。

モルトン教授は、その後に何事もなかったかのように「諸君、これが実験心理学で大切なポイントだ！」と実験心理学の仮説の立て方、実験のデザインの仕方を説明していく。

私の耳にはモルトン教授の説明は一切入ってこなくなっていた。なぜなら、私の中で「リスペクトは美しい」と思っていたのに、それが「恐怖から生まれている」という仮説が立てられ、その恐怖でみんなの嫉妬を誘発していた、という衝撃的な事実を目の前に突きつけられたから。

アンバーが引用した聖書の言葉から、ビスマルクの「神を怖れよ、そして、他のどの人間も怖れるな」という言葉が浮かんできた。

なるほど、その精神があれば人に対するリスペクトは必要なくなるな、と思いながらも、自分がこれまでしがみついていたリスペクトはもっと美しいものになるような予感がしていた。

第2章　カウンセラーになる

植村直巳さんは冒険家

高校を卒業してしばらく看板屋で働いた。原宿の街に看板を取り付けに行ったことがあった。看板の取り付け作業をしている下を、おしゃれな格好をした人たちが楽しそうに歩いていた。あの人たちにとって私たちなんか虫けらのようなものだろうな、と思いながら作業をしていた。

そんな街を、その後カウンセラーになった私はスーツを着て歩いている。原宿駅から表参道の坂を下った明治神宮前交差点のすぐ近くに相談室があり、そこまでの道をいろんなことを考えながら歩いた。

「私に今日のカウンセリングの仕事が務まるのだろうか?」といつも不安だった。

「よく不安に押し潰されないでできるよな」と自分でも思うのだが、これは私のメンタルが強いのではなくて、冒険家の植村直己さんの「青春を山に賭けて」という本のおかげ、といつも思っている。

あの本を読んだのは中学生の時だっただろうか?

植村さんがフランスの山で登山資金を貯めるために働いていた時に2人が採用候補になったのだが、フランス語があまりできなかった植村さんだけが雇い主から認められて、もう1人のよく話す男は山を降りることになった場面が好きだった。

とにかく淡々と働く植村さんの姿を、自分が苦しいときに思い浮かべていた。そんな毎日だった。植村さんがフランスで節約生活をし過ぎてしまって「肝機能が悪くなった～！」と黄疸が出て目が黄色くなってしまう場面がある。カウンセリングをやっている時にクライアントさんの目を見て「あ！植村さんと症状が一緒だ！」と黄疸をいち早く見つけ「おー！　あの本が役に立った！」ということが何度もある。

有名なカウンセラーが書いた本を参考にしろよ！　と言われそうだが、私にとってこの大変な仕事をこなしていくのに一番役に立っていたのは冒険家の植村さんの本だった。

いつかあの人のように本を書いてみたいな、と学生の頃から思っていたが、いざ書こうと思うと何も書けないでいた。

「空調が効いている部屋で人の話を聞いているだけ」のくせにと言われそうだが、カウンセリングでクライアントさんの苦しみの話を聞いていると一緒に苦しくなってしまう。プロのカウンセラーからは「もっとクライアントさんとは距離を開けて話を聞くように」と注意されるかもしれない。

でも、クライアントさんの心の傷の話を聞いて、そのクライアントさんが感じたであろう苦しみを感じることで「この方はすごい！」と感じられる。冒険家の植村さんが山に苦しみながら登っている場面を読みながらハラハラドキドキして、一緒に登っている感覚になって、その苦しみを感じた時に「植村さんってすげ～！」といつまでもリスペクトできる。中学生の頃感じた植村さんに対するリスペクトはいまだに変わらない。

それと同じように、クライアントさんは、植村さんの登山、いや、それ以上に険しい、苦しみという山を越えている。話を聞いていると苦しくなってきて耐えられず、そこから逃げ出したい気持ちになる。それでも植村さんがロープをぎゅっと握りしめて耐えていたように、私も力一杯手を握ってその苦しみに耐える。そんな時に、目の前にいるクライアントさんに本当のリスペクトを感じることができる。それは、いつまで経っても変わることがないリスペクト。

あれ？　これってモルトン教授の話していたリスペクトとちょっと違うかもしれないと、表参道の街を歩きながら気がつく。

植村さんやクライアントさんに対するリスペクトに恐怖が含まれているだろうか？

そんなことを考えているうちに相談室の前にたどり着き、蛍光灯のスイッチを入れる。静けさが広がる相談室に蛍光灯の「ジー」いう小さな音が聞こえてくる。これから体験するいくつもの苦しみに備えて、今のうちに深呼吸をしておかなきゃ、と大きく息を吸って、ゆっくりと息を吐く。

息を吐ききった時に「あ！　クライアントさんの美しさにリスペクトしているのかもしれない！」と頭に浮かんできた。一人でニヤついた。頭の中にはモルトン教授の悔しそうな顔が浮かんでいた。

催眠療法との出会い

高校を卒業するときに、教師から「お前はアメリカに何を勉強しに行くんだ？」と聞かれた。

本当は「心理学」と言いたかったが「お前じゃ無理だ！」と言われそうだったので「aesthetics（エステティック）」と答えてみる。教師は「なんじゃそれは？　お前の発音が悪すぎてわからん！」と首を振る。もう一度でたらめな発音をしてから「美学だよ！　先生！」と自慢げに言ってみた。

実際にそんなことをアメリカで勉強できるかどうかわからなかったが、高校の教師を黙らせるには十分な効果があった。

カウンセリングの仕事をするようになって、淡々と語られるクライアントさんの話の中に、ものすごい苦しみが隠れていることを知った。その苦しみに触れた時に「私なんて、ちっぽけな存在かも」と思える。そして、目の前にいるクライアントさんの中に美しさを見て、その美しさにリスペクトする。

仕事をしながら「あれ？　教師に気まぐれに〝美学を勉強したい〟と言ったことが現実になっている」と思って、一人で笑ってしまった。この美しさを教えてくれたのは、催眠のお師匠さんだった。

アルコール依存症のクリニックで院長からケースを持たせてもらった時、学生時代に何度も演習をした「ただ話を聞く」手法を使えば何か奇跡が起きるかもしれないと願いながらカウンセリングを始めてみた。しばらくやってみて、確かに話を聞くだけでさまざまな変化が起きることはわかってきた。とはいえ「カウンセラーが起こす変化なんか、雲の切れ間から光が漏れただけのこと」というある精神科医の意見に「確かに！」と思ってしまう。

大学で脳内の気分を左右するホルモンの仕組みをさんざん勉強してきたから「これは緊張のホルモンが出ているから気分が安定している」とか「怒りのホルモンで感情的な麻痺が起きて状態が変わったように見える」と手にとるようにわかってしまい、自分のカウンセリングに美しさを見出せないでいた。

そんなときに、催眠療法だったらホルモンの影響とは関係ないのではと思って、手にとったのが「現代催眠入門」という本だった。その本を読んで「お～！　この先生は美しい～！」と、その手法の美しさに感動した。そして、本に挟まっていたセミナーのチラシを大切にとっておいて「いつか絶対に受ける！」とお金を貯めていた。

その講座に行ったのは秋のさわやかな風が吹くころだった。すごい人たちがいたらどうしようと前夜、眠れないほど緊張していたが、行ってみたら古ぼけたマンションであることにびっくり。

ドアを開けて「あなたが大嶋さんですか」と出てきたのは、ネクタイ姿の普通のサラリーマンのような、眼鏡のおっさんで何のオーラも感じられなかった。

「しまった！　間違ったところに来てしまった！」というのが第一印象。講座が始まりますよ、と通された部屋を見てまた愕然とする。

普通の狭いマンションの一室にパイプ椅子が置いてあって、専門家の匂いがまったくしない人たちがそこに座っていた。会社員、翻訳家、一人だけ医療関係で看護士さんがいた。

「どうやって断ろう？」と頭の中ではそれだけしか考えていなかった。

まずは自己紹介で、私の番になったとき、催眠のお師匠さんが「大嶋さんは、こう見えても苦労人なんですよ！　5人の子供を抱えて大変なんです！」と紹介した。その瞬間「このおっさんは、ただものじゃないな！」と悟った。

その講座には、独身女性が3人いた。そのうちの誰かと私が恋愛関係になって、というお師匠さんの瞬間的な計算が読めた。私は、心の中で「先生！　その心配はないですって！」と突っ込みながらも「大嶋です！　5人の子供がいて経済的には大変なんですけど、この講座を受けて仕事に生かして子供たちを養っていけるようにがんばりたいと思います」と言っていた。

5人の子供ってなんでやねん！　と思うかもしれないが、そこが美しいと私は感じた。なぜなら、当時の私の年齢ではどう計算しても5人の子供は不可能である。だから「5人の子供」というのが、周りの人たち、そして私に対しても、一つの催眠的な「暗喩」になっていて、この講座の行く末をおもしろい展開にする布石として置かれたから。このおっさんはどんな人なんだろう？　と興味を持った。

この建物から、そしておっさんの外見からも美しさはまったく感じられないのに、そこに何か美しさが隠されているような気がした。

くだらないことの積み重ねは意味がない？

大学時代の図書館には「催眠」という題名がついた本が一切なかった。心理学部の先輩にその理由を聞くと「昔、学生が催眠の本を読んで催眠に入って、そこから戻すことができなくなって救急車で運ばれたから」と言われ、催眠ってすごいと興味を持った。

その後も催眠に近づくことはなかったが、一度、本屋で「カセットテープで効く催眠」というものを買ったことがある。なるほどと思ったが「私は催眠にはかからない！」という変な自信があった。気持ちよくそれを聞いて寝ればいいのに「こんな程度か！」と上から目線の自分がいた。

そんな私が日本に帰ってきて、初めて手にとった催眠の本がお師匠さんの本で「すごい！　これは！」と感動した。でも実際に会ってみたら「うーん、ただのおっさん」という感じであった。

一般の参加者の方と2人1組で「催眠療法の演習」を時々やったが、お互いに「自分が相手を催眠にかけるなんて無理！」という自信に満ち満ちている。恥ずかしいという気持ちがある。

催眠の誘導で「外の車の音が聞こえていますね」とか「私の顔が今見えていますね」や「椅子の感覚を背中で感じていますね」という簡単な方法があるのだが、それを相手に伝える時でさえ「私が催眠をかけるなんて無理」と思いながらやっているから、ものすごくぎこちなくなってしまう。

催眠のお師匠さんから教えてもらったことがぼんやりとしか理解できていないから「催眠に誘導するために次に何を喋ったらいいんだろう？」と、とまどって言葉が出てこなくなる。

相手に催眠をかけてもらう時も「私が催眠にかかるわけがない」と思っているから「全然催眠の効果がわからない！」という感じ。

「これって時間とお金の無駄じゃない？」と思って、催眠のお師匠さんに「この講座は私には向いていない気がする」と断ろうと決心する。そんな私の気持ちをわかっていたのかどうなのか。

催眠のお師匠さんは、ホワイトボードに

「ああ、薔薇よ、
まことの矛盾よ！
いくつものまぶたを持ちながら、

　誰の眠りでもない喜びよ」

　と書いて、ゆっくりと読み上げる。

　そして「この詩の意味がわかりますか？」とみんなに問いかける。みんながいろんな答えをしている中で「大嶋さんはどう思われますか？」とお師匠さんから指された。

「栄華を極めたソロモンでさえ、この花の一つほどにも着飾ってはいなかった」と言ったイエスの言葉と関係があるんじゃないんですか？　と答えた。

　催眠のお師匠さんは、どんな答えでも否定しない。

「そうかもしれませんね！」とにこやかに受け止めてくださる。私はちょっと嬉しくなって、お師匠さんの話に耳を傾ける。

　この詩は「薔薇の詩人」と呼ばれた人が書いた詩で、その墓石には「ああ、薔薇よ、まことの矛盾よ！　いくつものまぶたを持ちながら、誰の眠りでもない喜びよ」と書いてあるそうで。その薔薇の詩人は、薔薇が好きで……と話が続いていく。

　その墓石は川のほとりにあったのかどうなのか、とお師匠さんは混乱するようなことをおっしゃる。いつの間にか私は目を閉じて、お師匠さんの話を聞いていた。

　薔薇の詩人は友達と川辺を歩いていて、橋のたもとに座っている老婆を見る。

そして、薔薇の詩人は友達に「どうしてあの老婆はあんなところに座っているんだ」と尋ねる。

すると友達は「あの老婆さんはあんなだから、あそこに座っているんだ」と答えた。

それからしばらくして、薔薇の詩人はあの橋のたもとへ一輪の薔薇を持って歩いていた。

そして薔薇の詩人は、一輪の薔薇を持って老婆に近づいていくと、その老婆の目にはその一輪の薔薇が視界に入っているのか、どうなのか。

薔薇の詩人は、両手でその薔薇を座っている老婆に差し出す。

すると老婆はある表情を浮かべて、その薔薇を受けとり、胸に抱く。

この時、びっくりした。目を閉じた私の頭の中に浮かんでいたのは、老婆ではなくて私自身が一輪の薔薇を受けとっていて、胸に抱いていた。

そして、薔薇の詩人と友達が再び川辺を歩いていた時、あの老婆の姿はもう橋のたもとには見当たらなかった。

ここから、私の記憶が途切れてしまっている。

「話が退屈だから寝ちゃった！」とか「昨日寝不足だったから寝てしまった！」と普通は思うだろう。

でも、催眠のお師匠さんが「ひとーつ！　爽やかな空気が頭に流れてきます！」と催眠の覚醒の合図をしている声を聞いた時に「しまった！」とちょっと悔しくなる。

「ふたーつ！　身体がだんだんと軽くなってきます！」という掛け声で「催眠に入れられてしまった」

という自覚を持つ。

「みっつ！　さあ！　大きく深呼吸をして頭がスッキリ目覚めます！」という声で目をゆっくりと開けることができる。参加者はみんな「よく寝た！」という感じで背伸びをしている。

「先生の話を聞き続けられなくて、寝てしまった」というちょっと罪悪感じみたものを持っている様子だったが、私は「先生にやられた！」と思っていた。

胸に温かい感覚を微妙に感じるのは「気のせい」と思いたかったが、いや、これって催眠の効果だよね、ということがなんとなくわかる。

子供の頃に「カラテキッド」というアメリカの映画を見たことを思い出す。「強くなりたい」といういじめられっ子が空手の師匠のところに行って「カラテを教えて！」とお願いするのだが「車を洗って、ワックスをかけて、ワックスを拭きとれ」という仕事をやらされる。

あの映画を見ていた時は「洗車の作業が空手の技に繋がるんだろうな」というのはなんとなくわかったので「なんでこの主人公はそれを理解しないんだろう？　鈍いやつだな！」と思っていた。催眠から覚めて椅子に座っていた私は、その鈍い主人公になった気分だった。

お師匠さんがみんなにやらせていた催眠の演習を一つ一つこなしていくと、さっきお師匠さんがしていたみたいに話をしているうちに自然に催眠状態に入れることができる、ということがわかってしまった。くだらない演習のように思えていたが、そのくだらないことの積み重ねがさっきの大技に繋がることがわかり感動した。

そして「くだらないからこんなことはやりたくない！」と師匠に言った「カラテキッド」の主人公の未熟さを自分の中に見つけて恥ずかしくなった。でも、なぜか胸に温かい感覚があって、自分を責める気持ちにもならないし、お師匠さんに対しての申し訳なさも続かない。

一輪の薔薇が私の胸にしっかりと抱かれていたのをなんとなく感じながら、お師匠さんが読んだ薔薇の詩人の詩が頭に浮かぶ。

すると「誰の眠りでもない喜びよ」というくだりで、心地よい眠気のような感覚を感じて、いつもの私の緊張感が溶けていった。

隠れていた父親の姿

催眠のお師匠さんの講座を受けて「催眠療法を使えるようになりたい」と思っていたが、だんだん現実が見えてくる。心理学の教科書に必ず出てくるフロイトが、催眠が苦手だったので患者さんのお話を聞く「精神分析」なるものを作り出した意味がなんとなくわかってきた。催眠をやるには向き不向きがある、と気がついてしまった。

お師匠さんはただのサラリーマンのおっさんに見えるが、3時間の講義を素人さんにしている時に、いちども「イラっ」としたことがなかった。「わたし、それはできないです～」的な反応が参加者から返ってきても、優しい笑顔で「うん、うん」とうなずいて、嫌な顔一つされない。

私が的外れな答えを言っても「それもあるかもしれませんね」と決して否定をしない。「この方は相当苦労されたんだろうな」ということがその懐の深さで感じられる。

「さあ！　これから催眠に入れますよ～！」というデモンストレーションでは、講座なんだからちょっとは先生の話に乗っかってある程度「催眠にかかったふりでもすればいいじゃん！」と思うのだが、正直者の参加者は「私全然催眠にかかりません！」を延々と続け、30分が経過している。

それでもお師匠さんは、真摯にその方と向き合って「やっと催眠状態に入った！」頃には、講座は終了時間になっていた。

私は「なるほど！」とそのコツをつかんだつもりになっていたが「他の参加者はこの時間を不満に思わないのかな？」と心配になってしまう。お師匠さんは他の参加者に気を使っていないわけではないが、淡々とやっており、そのお師匠さんの意図を「あー！　みんな、わからないだろうな～」と思ってしまう。それを見ている私の方がハラハラドキドキした。参加者に対して「おーい！　いい加減に催眠にかかったふりをしろよ～！」と心の中で思ったりする。こんな短気でビビリな私は「催眠に向いていない」ことに気がついてしまった。そんなことを講座が始まる前にお師匠さんに真面目に相談したことがあった。

するとお師匠さんは講座で「ある真面目な短気な治療者がいましてね」というお話を始めた。

「あちゃー、あれって私のこと？」と恥ずかしくなって聞いていると「あれ？　ちがうのか？」とよくわからなくなってくる。

いつも失敗ばかりしている治療者が、「まともな人間になりたい」と思って旅をする。

私は「どうして旅をすればまともな人間になれるって思ったんだろう？」と頭の中で突っ込んでいるのだが、お師匠さんの話はゆっくりと展開をしていく。

素敵な風景を見ればまともな人間になれるかもしれないと、その治療者は美しい湖まで旅をして、一日中、湖の美しい風景を眺めている。

そう、朝日が昇って、静かだった湖面に爽やかな風が吹いてきて、湖面が波立って光をキラキラと反射させる。

水にキラキラっと反射する太陽の光を見ていたらまぶたが重くなって、いつの間にか私は目を閉じていた。そして、自分が呼吸をしている感覚を感じることができた。

空調の音が聞こえてくる。

そこから意識が飛んでいて「ひとーつ！　爽やかな空気が流れてきます！」と催眠のお師匠さんの

「催眠から覚醒してね！」合図が聞こえてきた時に「またやられた！」という気分になる。

催眠のスクリプトとは「物語を聞いているうちに催眠に入って、催眠状態で意識と無意識が統合される」という便利なもの。

だから「真面目で短気な治療者の物語」というのが催眠のスクリプトになっていて、それを聞いているうちに、たぶん他の参加者は「寝不足だから寝ちゃった！」とか「退屈だから寝ちゃった！」と思っているのだが、実は催眠に入っていて、お師匠さんの催眠の治療を受けているのと同じ状態になっている。

「え？　寝ちゃってても？」とみんな不思議に思うのだが、私は「あ！　やられた！」という感覚がある。

お師匠さんの催眠のスクリプトの効果が出るのは「時にかなって美しい」という感じ。治療を受けた直後だったら「あー！　お師匠さんの催眠にやられたな！」と思えるのだが、決してそうはならない。

私も、それから3ヶ月ぐらい経ってから「立派なサラリーマン男性の相談は苦手だな」と思っていたら「あれ？　いきなり催眠を使っちゃっているぞ！」という自分にびっくりする。

それまでカウンセリングでは使ったことがなかったのに、お師匠さんから教えてもらった現代催眠療法を使っていて、いつも短気でおっちょこちょいの私がゆっくりとした口調で語っている。

「おー！　あの時のスクリプトが今になって効いた！」というのでびっくり。

そして、それをしている時に私がなぜ「短気でおっちょこちょい」と自分のことを思っているのかがよくわかった。それは、父親に対してのリスペクトだった。たぶんこの父親に対するリスペクトは、モルトン教授が言っていた「恐怖からのリスペクト」だったのかもしれない。

会社が倒産しそうで、経済的にものすごく大変だったのを何度も立て直していた父親に対して、怒りもあったが、心のどこかで尊敬していたから「短気でおっちょこちょい」の父親の真似をしていたのだ。それに立派なサラリーマン男性のカウンセリングをしていて気がついてしまった。

そんな時に「あ！　お師匠さんの催眠のスクリプトにやられた！」とちょっと悔しくなる。私は絶対に催眠なんかにかからないと思っていたから。

おもしろかったのは、それから3ヶ月ぐらいしてから、あの立派なサラリーマン男性がきて「会社を辞めて、大学院に入ってカウンセラーを目指します！」と伝えられたこと。

私は「どうしてそのような決断をなさったのですか？」と冷静に対応をしていたが、心の中では「カウンセラーみたいな不安定な仕事をして大丈夫なのか？」と心配になっていた。

その時に「あ！　これが私がカウンセラーになると決断した時の父親の気持ちだったのか！」と知った。

立派な大人の男性を目の前にして、父親のように心配しているのが、自分でもおかしくなる。催眠のスクリプトをお師匠さんが読んで、私の中に隠れていた父親の存在をあぶり出してくれた。そんなことができるお師匠さんの技にいつの間にか美しさを感じるようになっていく。

心の傷の癒し方

本屋さんに行くと「深呼吸ができる！」という不思議な感覚があった。子供の頃から本屋に行くとあまり人目が気にならなくなり自然に呼吸ができた。

それ以外のときは、道を歩いていても、電車に乗っていても、人目を気にして緊張していた。「人が自分のことを注目している」という能天気な感覚だったらいいのだが、ちょっとでも人の視線を感じると「気持ち悪がられている」とか「バカにされている」という思考になって、過去のいじめられた感覚になってしまう。

こんな人間がカウンセラーをやっていていいのだろうか？　と思うのだが、その感覚があるから、クリニックでは患者さんの苦しみが理解できる。苦しみの引き出しだけはたくさんあるから、親から叩かれて育ってきた人たちの話を聞いて、その痛みや苦しみを感じている時に「美しさ」を感じる。

「その苦しみを抱えながら生き抜いてきた美しさ」が私の中に広がっていき、それがリスペクトになる。

　薔薇の詩人は、橋のたもとに座っている老婆が「なぜあそこで座っているのか？」ということから、老婆の苦しみ、怒り、虚しさなどを感じることができた。普通の人から見たら「誰も話しかけないような格好をして無駄な時間を過ごしている老婆」になるのだろう。でも、薔薇の棘の痛みを知っている薔薇の詩人は、その老婆の痛みを感じとり、老婆がそこに座っていることに美しさを見出す。

　心にものすごい傷を負いながら生き抜いてきた方に対するリスペクトで、薔薇の詩人は一輪の薔薇を老婆に差し出す。一輪の薔薇を受けとった老婆は、そこから自由になって去っていく。

　時折、差し出した薔薇を地面に叩きつけて、踏みにじって、去っていく人もいる。そこには心の痛みがそのまま残っている惨めな私がいつも「ポツン」ととり残されていた。

「あの人たちは自由になっているのに、なんで自分は？」という惨めな感覚から、自由に羽ばたいていく人たちに嫉妬のような気持ちも湧いてきそうになる。自分はカウンセラーのプロフェッショナルとしてやっている、ということでその惨めな気持ちを自分で立て直そうとするのだが、すぐに苦しみに引き戻されてしまう。

　昔、精神科医のボスから「お前らカウンセラーは魂の売春婦で流れのいいトイレなんだ！」と怒鳴られたことがあった。

「どうしたらこの悩みを抱えているクライアントさんが楽になりますでしょうか？」とボスに質問したところ、ボスが切れて「お前は、クライアントから感謝されたいと思っているのか？」ということから始まった。その時は「いや、感謝されたいのでなくて、本気で楽になってもらいたいと思っているのですけど」と反発したい気持ちがあったのだが「感謝されたいと思っている」と言われて「もしかしたら、自分にもそんな邪な気持ちがあるのかもしれない」と反省した。

今になってこの自分の状態を考えてみると「確かにボスの言っていたことは間違っていないよね」と思ってしまう。ぽつんと孤独で惨めにとり残されている自分がそこにいた。

でも、本屋に来ると「息ができる〜！」となんだか自由になった気持ちになるから不思議である。

本屋では心理関係の本より、推理小説の新作を探してしまう。おもしろい推理小説はほとんど読んでしまったので「新作が出ていないかな」と探しているのが好きだった。

私が好きなアメリカ人が書いている推理小説は、主人公が心の傷を抱えながらもその傷と葛藤しながら一生懸命に生きている姿が描かれていて、「かっこいい！」とその世界に入ることができる。

惨めな学生時代「本の世界に逃げ込む」ことをしていたから「本屋に来ると息ができる」という条件づけができているのかもしれない。

本は惨めな現実の世界から、自由な世界へと連れて行ってくれる。振り返ってみると「冒険家の本を読んだから、それに影響をされてアメリカに留学したのでは！」と気がつく。

「あ！　推理小説を大量に読んでいたから、カウンセリングでクライアントさんの話を聞いて〝記憶にない心の傷〟を探し当てるのが得意になっているのかも」「なーんだ！　もしかして、自分はこの仕事のために小説を読んでいるのか？」と考えて、急に推理小説を物色するのが楽しくなくなってしまった。

「楽しいから読んでいる！」と思っていたのに、何か大きな力に操られて、カウンセリングのために小説を読んでいたと思ったら、なんだかその大きな力に逆らいたくなってしまう。いつまでもこの心の苦しみから解放してくれない大きな力に、私は怒りを感じていたのかもしれない。

　何も買わずに本屋から立ち去ろうとしていたら一冊の本が目に止まった。アメリカの医師ジョーン・ボリセンコが書いた『愛とゆるしの心理学』。中身もチェックしないで購入した。

　そこに書いてあったジョン・ブラッドショーのインナーチャイルドワークに興味を持った。

　精神科医のボスは「クライアントの心の傷をただひたすら苦しみながら聞くのがカウンセラー」という印象だった。催眠のお師匠さんだったら心の傷を催眠療法で治療できるかもしれないと思っていたが、お師匠さんのスタンスは「心の傷もその人の大切な力（リソース）」という感じだったから「癒す」というのとは違ってくる。

　お師匠さんの催眠を使って心の傷が治療できたらというのは、苦しみを抱えた私自身の願いだったのかもしれない。もしかしたら、この方法でボスのやり方とお師匠さんの催眠療法がうまく融合できるかもしれない！　と思い、ワクワクしてきた。

ボスの許可をとるために

カウンセリングで新しい心理療法を使うときは精神科医のボスに許可をとる。

「ボス！　おもしろい心理療法を見つけたんですけど！」と「愛とゆるしの心理学」をボスのところに持って行く。

さすがは一流の精神科医のボスで、いつもだったら「ハイ、ハイ」とスルーされることが多いのだが、そのときは「じゃあ、大嶋君、一緒に飯でも行こうか！」と誘ってくれたので「この人は本当にすごいな！」と思う。ちょっと高級なお店に連れて行ってもらって私は緊張する。

「それで、大嶋君はどんなのを見つけたんだい？」

「これです！」と本をボスに差し出すと、ボスは「ああ、私も引退する頃になったら、こんな風なタイトルで本を書こうと思っているんだよ！　こんなタイトルが人気だからね」と言って、本をテーブルの上に置いてしまった。

精神科医のボスがこんなスピリチュアルじみた本は読みませんよね、とちょっとがっかりしたが、この展開は予測できていたので、めげずに本の中に書いてあった治療法を説明する。

ボスは食事をしながら「大嶋君はそれをそのまま使おうとしているの？」

「たぶんそのまま使ったら、あまりうまく使えないような気がしています」

「だったら、どんな風に使ったらいいんだい？」

「催眠の要素を加えながら使った方が安全に使えると思います」

「それはどういう風にやるの？」と聞かれて私は嬉しくなり、説明を始めた。

まずは、呼吸に注目するところから始めます。「吸う息と、吐く息に注目を向けます」と言って、クライアントさんの吸う息と吐く息に合わせて「吸う息と、吐く息」というのをカウンセラーが繰り返します。「呼吸に注目を向ける」とは、無意識に呼吸をしているその〝無意識〟に注目を向ける、ということを自然にさせる現代催眠的なアプローチです。「無意識が一緒に助けてくれる」というのが大切なポイントになります。

「大嶋君が言っている無意識って、どんなことなの？」とボス。

「私たちは無意識で呼吸をしていて、心拍数も無意識が調整しています。だから、無意識が私たちの生命を維持することを助けている、ということから、無意識を〝助けてくれる人〟と人に例えて催眠では使っています」と答えた。

「それで、それからどうやるの？」とボス。

カウンセラーがクライアントさんの呼吸に合わせて「吸う息と、吐く息」と声をかけるのが、現代催眠療法の催眠に導入するための「チューニング」と言います。相手の呼吸に合わせることで、呼吸をしている〝無意識〟に注目すると「催眠状態」に入るので、クライアントさんの肩の力が抜けたのを確認します。

肩の力が抜けた時に、クライアントさんに「今、頭の中で数字の3をイメージします」と声をかけます。「そして、3を消して2をイメージします」と声をかけて「2をイメージできたら教えてください」とクライアントさんにうなずいてもらいます。

「さらに2を消して1をイメージします」と間をおいて「1をイメージできたら教えてください」とお願いします。

「そこから1を消して、今度は0（ゼロ）をイメージします」としばらく間をおいて「ゼロがイメージできたら教えてください」とお願いします。

短気なボスが珍しく目を閉じてイメージをしてくれている。

そしてカウンセラーは、クライアントさんが息を吸うタイミングで「そのゼロが吸う息とともに、大きく!大きく!　なっていきます!」「そう!　吸う息とともに、大きく!　大~きくなって!　そう!　大きな楕円形になります!」と声をかけます。

私はしばらく間をあけて「そして、それが鏡になります」と催眠口調で伝える。

ボスは黙って目を閉じて「うん、うん」とうなずいている。

「その鏡の中に、自分の姿が映っています」

「今の自分の姿なのかもしれない、それとも小さい頃の自分の姿なのかもしれません」と間をあけます。

「自分の姿が見えたらうなずいてください」と伝えて待ちます。

ボスがうなずいたので「そうしたら、両手を鏡に伸ばして、鏡の中の自分の肩に優しーく手を乗せてあげます」と伝えてみる。

ボスが再びうなずいたので「そして、肩に置いた手を優しく引き寄せて、抱きしめてあげます」と声をかけて間を置きます。

「抱きしめた自分に〝あなたの周りで、どんなことが起きているの？〟と優しく聞いてあげます。その自分が話すどんなことでも、そのまんま聞いてあげます」と続ける。

高級な料理店だったので、厨房からのかすかな音が聞こえてくる以外は、ボスの呼吸しか聞こえてこない。

「十分に、その自分の話を聞いてあげたら、教えてください」と伝えてみる。

するとボスがうなずいたので「そこで、あなたを癒すために、私にどんなことができるの？　どんなことでもいいから言っておくれ、と優しくその自分に伝えてあげます」と声をかけた。

「そして、その自分が伝えてくれたことを心の中でやってあげます」と催眠の口調でゆっくりと話しかけます。

この時、鏡の中の自分が自分を傷つけるようなことを言ってきたら「あなたはそれで本当に癒されるの？」と質問をして「自分が癒される」という答えを引き出してあげます、と解説を加えた。

ボスの呼吸に注目をしながらしばらく待っていて、呼吸が落ち着いたところでボスが静かにうなずいた。

「そして、その自分を再び抱きしめてあげます」と伝えてみる。

「そして、抱きしめてあげて、あなたのことをいつも愛しているからね、あなたのことをいつも思っているからね、だから安心していてね」と抱きしめた自分に伝えてあげます。

「私はまた戻ってくるからね！　だから安心していて！」と言って、優しく鏡の中へと戻してあげます。

「鏡に戻すことができたら、教えてください」と伝えると、ボスがうなずいてくれた。

そしたら、吐く息に注目しながら声をかけます。

「大きな鏡が小さく、小さくなって、ゼロに戻ります」と吐く息に合わせながら伝える。

「そして、ゼロが消えて1が見えてきます」

「さらに1が消えて2が見えてきます」
「すると2が消えて3が見えてきます」
「さあ、大きく深呼吸をして、ひとーつ！　爽やかな空気が頭に流れていきます！」
「ふたーつ！　頭がだんだんと軽～くなっていきます！」
「そして、三つで、大きく～深呼吸をして～～～頭がスッキリと目覚めます！」と声をかけると同時にボスが目を開けた。

　ボスは目を開けるなり「大嶋君、これはおもしろいね！　これ、大嶋君のオリジナルとして使っちゃいなよ！」と言い出した。

　いや、ボス！　これってジョン・ブラッドショーが考えたワークですから、と伝えるが、ボスは「いやいや！　催眠を勉強したあなたがやるんだから、催眠だろ！」と言われてドキッとする。

　確かにこれだったら、私がお師匠さんの元で勉強してきた催眠が、ボスのもとで「トラウマ治療」として使えるかもしれないという希望が見えてきた。

「そうだ！　大嶋君！　これは鏡を使ったワークだから〝ミラーワーク〟と名付けてクリニックでグループでやればいい！」と命名が得意なボスが言い出した。

「グループですか？」と答えるとボスは「何名ぐらいだったらできるんだい？」といきなりグループ催眠をやらされることになっていた。

一人でも自信がないのに「20人くらいでしたら」と咄嗟に答えているアホな自分がいた。
次の朝にボスの秘書から電話があり、本当にグループを担当させられることになった。いきなり日程が決まって、募集がかけられた。
「人なんか集まらないだろ！」と思っていたら、当日クリニックは満席となっていた。

*ここで紹介した手法は「インナーチャイルド　本当のあなたを取り戻す方法」（ジョン・ブラッドショー、新里里香　訳　ＮＨＫ出版・改訂版 2001/2/24）「愛とゆるしの心理学―罪の意識を解放する人生のレッスン」（ジョーン・ボリセンコ　日本教文社 1996/2）が参考文献になります。

注意　この手法をお使いになる場合は、専門家の指導のもとでお使いになることをお願いいたします。この手法と類似している、大嶋のオリジナルの手法は「自己肯定感」が低いあなたがすぐに変わる方法（ＰＨＰ研究所 2001/6/15）の中の「過去を変える」になります。

郵 便 は が き

103－0014

東京都中央区日本橋蛎殻町1丁目35―2 グレインズビル5階52号

青山ライフ出版

読者カード係 行

恐縮ですが、切手を貼ってお出しください

通信欄

ご意見・ご感想などお寄せください。小社ウェブサイト（http://aoyamalife.co.jp）で紹介させていただく場合がございます。あらかじめご了承ください。

読者カード

青山ライフ出版の本をご購入いただき、どうもありがとうございます。

●本書の書名

●ご購入店は

・本書を購入された動機をお聞かせください

・最近読んで面白かった本は何ですか

・ご関心のあるジャンルをお聞かせください

・新刊案内、自費出版の案内、キャンペーン情報などをお知らせする青山ライフ出版のメール案内を（希望する／希望しない）

★ご希望の方は下記欄に、メールアドレスを必ずご記入ください

・将来、ご自身で本を出すことを（考えている／考えていない）

(ふりがな) お名前	
郵便番号	ご住所
電話	
E メール	

・ご記入いただいた個人情報は、返信・連絡・新刊の案内、ご希望された方へのメール案内配信以外には、いかなる目的にも使用しません。

戻ってきたあの温かい感覚

人前で話すことが苦手だった私が20人の患者さんに「集団催眠をやれ！」という話になってしまった。

椅子は丸く並べて置いてあり、私の席からみんなが見渡せる。あの大学の時のキャンプもこんな雰囲気だった。座って、目を閉じて自分の呼吸を感じてみる。そんな風にしている催眠のお師匠さんを見たことがあったから、それを真似ていたのかもしれない。

私はお師匠さんのような低いトーンで催眠のことを説明する。

催眠とは、皆さんに暗示をかけて「鳥になれ！」とか「猿まねをしろ！」と思考や行動を操作をするものではありません。催眠は無意識に注目を向けるものです。私たちには意識がありますが、同時に無意識で呼吸をし、無意識に心臓を動かしている。無意識は、知らず知らずのうちに私たちを助けてくれるものです。その無意識に注目を向けることで、無意識の助けを借りて私たちの心の傷を癒すのが、この催眠療法です。

私は周りの呼吸のペースに合わせながら、ゆっくりと話をしていく。お師匠さんの現代催眠の基本は「相手の呼吸に合わせて、呼吸をする」のである。グループ催眠では、誰に呼吸を合わせればいいのかと悩んでいたのだが、私が呼吸に合わせて話をしていると、みんなが私と同じペースで呼吸をするようになることに気づいた。

ブラスバンドで指揮して「一体感が感じられる」となるのと同じように、相手の呼吸が私の喋るペースと一緒になって、みんなが同じペースに揺れるようになって「吸う息」と「吐く息」に注目を向ける。そんな風に声をかけていく。

「吸う息」と「吐く息」に注目を向けながら、と話を進めている時に「あ！　この方法を会社で働いている時、会議の場面で使えばよかった！」と今更後悔した。あの時も「みんなに合わせなきゃいけない！」と必死になっていたけど、みんなに合わせられずに自分だけ浮いていたような感覚があった。

自分の呼吸のペースで淡々と話をしていけば、みんなが巻き込まれて同じ呼吸のペースになるから、あえて合わせる努力をしなくていいのだ。

みんなは目をつぶっているから、みんなの呼吸のペースが一緒になっていることには気がつかない。

「大きな鏡の中に自分の姿が映ったら、うなずいてください」と声をかけてみんなと一緒に呼吸をしていると、みんながほとんど同じタイミングで「うん」とうなずいた。私はそこに温かいものを感じる。

そして、鏡に映った自分の肩に手を乗せて引き寄せてあげます。そんな自分を優しく抱きしめて「あなたの周りで何が起こっているの？」と尋ねたとき、たくさんの人が涙を流した。

最後にその自分を優しく抱きしめてあげてください、と言ったとき、背中に温かいものを感じた。

「あれ？　何これ？」私の目から涙があふれてくる。

「なんだ、この温かい優しい感じ？」久しぶりに感じるこの感覚に動揺していた。

「ひとーつ！　爽やかな空気が頭に流れていきます！」と言いながら「泣いていたのがみんなにバレてしまったらどうしよう？」と不安になる。

「ふたーつ！　頭がだんだんと軽～くなっていきます！」そんなことはどうでもいいことのように思えてきた。

「三つで、大きく深呼吸をして、頭がすっきりと目覚めます！」爽やかな気分になっていた。

目を開き、みなさんと顔を合わせた。私は不思議な安らぎを感じ、一緒に戦いを生き抜いた同志のような気持ちになった。私は嬉しくて笑顔を隠すことができなくなっていた。

イメージができない落ちこぼれ

お師匠さんのところで催眠療法を習っていても「あれ？　みんなは頭の中でイメージができているのに、自分だけイメージができているふりをしている」という劣等感があった。

お師匠さんが「さあ、理想的な自分の姿をイメージしてみましょう！」と声をかけて、参加者は「赤いスーツを着てバリバリ働いている自分がイメージできます」とか「スポーツカーに乗って優雅に走っています」と言われると「あれ？　自分は真っ黒い画面しか頭に浮かんでこないぞ？」となってしまう。

「自分の姿をイメージしてください」と言われても「男子トイレの、真っ黒のトイレマークのようなものしかイメージできないんですけど！」と言いたかったが、場の空気を壊してしまうので言えなかった。

でも、よくよく考えてみたら「本を読んでいる時は、主人公の姿や声を想像してドラマを展開することができるのに」と不思議な気持ちである。

クライアントさんの辛い体験話を聞いている時は、自分のイメージの中で登場人物をかなりリアルに想像できるのに「催眠療法になると、どうして自分の姿がイメージできないのだろう？」と自分の想像力のなさに落ち込んでいた。

あれは幼稚園の頃か、夢で天国のようなものすごくきれいなところを飛んでいる情景を見て、嬉しくなって「お母さん！　天国のようなものすごくきれいな花畑を光る人と一緒に飛んでいたんだよ！」と言った。

喜んでくれると思って母親を見たら「あれ？　自分は嘘つきと思われている」というのが母の表情

から読みとれる。「あれ？　自分は嘘をついているのかもしれない」と自分がイメージしたものに自信がなくなってしまう。

クライアントさんに「数字の３を頭の中でイメージしてください」と伝えてイメージしてもらう時も「自分にはそれができない」と思っている。「自分ではイメージができないくせによくやっているよな」と思っていた。

そんな私が、クライアントさんに呼吸を合わせて催眠の誘導をしていくが「あれ？　クライアントさんのイメージの中で何が起きているんだろう？」と確認することができない。クライアントさんの表情から「辛い子供時代だったんだな」となんとなく想像したりしていた。

そんなある時、クライアントさんが催眠状態に入った時に、ものすごいボロボロの家が、頭の中に浮かんできた。「なんじゃこれは？」とびっくりした。

昔は平屋の借家がいっぱいあり、そこに私も住んでいたのだが、家の木が腐ってボロボロで、床には穴がありトイレもものすごいことになっている。吐き気を催すイメージが突然出てきた。

催眠から戻ってくると、容姿端麗なクライアントさんが涙を流して「私は、すごいボロボロの家で育って、大変だったんです！」と言った。

「うん、うん」とうなずきながら聞いていると「先生はちっともわかっていない！　本当に汚い所だったんですから！」と怒り出す。私は心の中で「さっきのボロボロの家のことでしょ！　わかりますよ！」と思っていたが、それをクライアントさんに伝えるわけにはいかないので「うん、うん」とうなずきながらクライアントさんの話を聞く。

「先生は、ちっとも私の汚い家の話を信じてくれないんだから！」と女性の怒りが止まらなかった。

次の回に、そのクライアントさんが「ほら！　先生、見てください！」と何枚もの家の写真を差し出した。「先生が信じてくれないと思って、15年ぶりに実家に行って写真を撮ってきたんです！」と差し出された写真を見てびっくり。なんと、私があの時に見たあの家だった。

床の穴もそのままで、トイレなんか見事に「うわー！　おんなじだ！」と吐き気が催してきたあの瞬間を思い出す。

クライアントさんは、私が本当にその家のことをわかっていたことを私の表情から読みとったようで、涙を流していた。

あー、こうして過去の心の傷と向き合うことを無意識はさせてくれたのか、と無意識が女性にさせてくれたことに感心する。ずっと実家から逃げていたのに、女性は向き合うことができて、その過去も自分の一部であると認めることができた。そしてそこから一歩踏み出そうとしていた。

しかし、自分のイメージはできないのに、催眠状態になっているクライアントさんの見ている情景が突然頭に浮かんでくるのはなぜ？　と不思議に思った。

大学時代に「勉強ができる人と一緒に勉強をしていると勉強が進む」体験をしたことから、脳のネットワークという発想をした。それと何か関係しているのかもしれない？　と興味が湧いてきていた。

自分では何もイメージできないのに、催眠状態でクライアントさんの呼吸に注目しているだけでイメージが浮かんでくる不思議な仕組みが催眠の一部であるのなら、おもしろい使い方ができるのかもしれない、と思うようになった。

義人はいない、一人もいない

グループで催眠療法を使うようになってからも、お師匠さんの現代催眠療法講座には通い続けていた。

「さあ、２人１組で実践してみましょう」というお師匠さんの声で、講座で教わったことを忠実にやってみる。

相手を見ながら、呼吸を合わせていく。クリニックでのグループ催眠でコツをつかんだので「音楽に合わせて体を動かすように」と思いながら、体を呼吸に合わせて前後に動かす。

お師匠さんは、相手の呼吸に合わせることで「喋れない子供が喋れるようになった！」とか「緊張症の人が人前で緊張しなくなった」という変化を起こすことができる。でも、実際に自分がやってみると「これって地味な作業だよね」と思ってしまう。

相手の呼吸に合わせながら身体を揺らしていて「僕は何をやっているのだろう？」と我に返る。こんな地味なことをするためにカウンセラーになったのか？

黙って呼吸を合わせていると眠くなってくる。退屈だから眠くなるのだといつも思っていた。

お師匠さんが私たちを催眠に入れるとき、アンデルセン童話のようなお話をするが、あれは子供を寝かしつけるときに親が本を読んであげるようなものなのでは？ と失礼なことを思ってしまう。

いや、お師匠さんはすごいことをやっていると思うけど、自分がそれを実践してしまうと、あんなに鮮やかに見えていたお師匠さんの技が色褪せて感じてしまう。どんなに高価なものでも私が触ってしまうとその価値がなくなってしまう、という感じ。

嫌われ者の子供になって親に申し訳ない気持ちでいっぱいになり涙があふれて止まらなくなる、という体験が蘇ってくる。こうして2人1組になっても、パートナーの人に申し訳ない気持ちになって「あなたの時間を無駄にしてしまいましたね、私と組んで」と心の中で謝罪している。

ダメダメ人間の私がこんな講習を受けても変わるわけがないし、相手を変えることなんかできっこない。そんな確信があるのに、私はみんなに笑顔を振りまいて「よかったですよ！」とわけのわからない感想を偉そうに述べる。そんな自分に吐き気がしてしまう。

講習が終わって、参加者のみんなと笑顔で手を振って「楽しかったね！」と嘘をついている自分。自分の内面が空洞のようになっていて、虚しさと自己嫌悪でいっぱいになっているのに、それを今日も自分で抱えていなければいけない。

電車に乗って「はあ～」と泣きたい気持ちになる。

でも「電車の中では呼吸合わせの練習を乗客の人とする」というルーティンを自分で決めたから、疲れ切って重い瞼を無理やり上げて、丸まった背中を少しだけ起こして、斜め前に座っている酔っ払いのサラリーマンの呼吸に注目をして、呼吸合わせをしてみる。すると「酔っ払っているからすぐ寝ちゃったじゃない」となった。

「しょうがないから、次の駅に着くまでに白いワンピースの女性に悟られないように」と横目で見ながら呼吸合わせをしてみる。

「あれ？　あの人もすぐに寝ちゃったぞ！」となった。

そこで白髪の年配男性がちょっと離れた席に座っていたので「彼で呼吸合わせをしてみよう」と眠い目をこすりながら呼吸合わせをしてみると「あれ？　落ち着いた気分になった」というのにびっくりする。

さっきまであれだけ惨めな気分に浸ってしまって、今日は寝て起きても立ち直れないと思っていたのに、なぜかゆったりとした気分になり、年配男性の呼吸に合わせて動くのが楽しくなってきた。やがて、その年配男性も寝てしまった。「そういうことか！」と私は理解した。

お師匠さんの講座を受けていた時に感じた自分に対する不信感は、私が呼吸を合わせていたパートナーのものだったのだ。相手の方は全然自信なさげには見えなかったのだが、職業はカウンセラーではなく一般企業で働いていて「会社では使い道がない」と思われていても不思議じゃなかった。実際に、その方がそんな話をして嘆いていたのを思い出した。

そんなことを考えていたら「あれ？　私はさっき、あの講習でものすごい孤独を感じたよな」と思い出した。そう、自分が何をやっても無意味で、誰からも相手にされず、みんなからバカにされて捨てられて孤独になるあの感覚。大学時代にモルトン教授から「日本人が感じる孤独は嫉妬で攻撃されている孤独」という推理を聞いたときのことが頭に浮かんできた。

もしかして、さっきの私が感じたあの惨めさは「演習のパートナーからの嫉妬だったの？」という可能性が見えてきてびっくり。

パートナーからしたら「自分がなりたくてもなれなかったカウンセラーの職業なんかにつきやがって」となっている可能性についてまったく考えもつかなかった。私からしたら一般企業で普通にお給料をもらって働いている方がよっぽど羨ましいと思っていたが講座に参加している人からすれば、私の職業は「羨ましい！」という対象であることに初めて気がつく。

カウンセラーという職業が「流れのいい便所」とボスから呼ばれていて、人の苦しみを請け負う仕事である、という本来の姿をみんな知らない。

私みたいなヘラヘラとしたお兄ちゃんが「カウンセラーの仕事をやっていまーす」と言ってしまった日には「なんだこいつ！」という感じになるんだ、ということがやっとわかってきた。

だから、あのパートナーの方は「あれ？　能面のような顔になって、なかなか催眠でリラックスしてくれない」となっていたのだ、ということが今更わかってくる。

自分なんかダメ人間だから他人から嫉妬されるところは一ミリもないと信じて疑わなかったが「日本で感じた孤独とアメリカ人の孤独」の話をした時に、モルトン教授が「あなたが日本で感じた孤独は嫉妬で攻撃されている孤独」と言われて「なるほど！」と思ったことから「ダメ人間で一ミリも嫉妬されるところはない」と思うこと自体も他人から相手にされない「孤独」だから、それ自体も嫉妬から生み出された感情なんだ、ということに気がつく。

え？　でも嫉妬するような変な人じゃなくて、優しそうな人だけどな〜、と自分がたどり着いた興味深い答えを全否定したくなっていた。あんな優しそうな人が嫉妬なんかするわけがない、と。

そんな時に「義人はいない、一人もいない」という言葉が浮かんできた。すると、私の中で「あ！あの優しそうな人も人間だから嫉妬してもいいんだ！」と思える。

自分に対してあまりにも自信がなかったので、他人の地位が上がり過ぎてしまって、ちょっとでも優しい人を見ると「神様的」に見てしまう。だから、あんないい人（神様化）が嫉妬なんかするわけがない、と勝手に決めつけていた。

いや、みんな人間なんだ。みんな同じ人間なんだ。

電車の音を聞きつつそんなことを思いながら、いつの間にか深い眠りに入っていった。

食べることが好き！

将来、もし雑誌などでインタビューを受けて「好きなことはなんですか？」と聞かれたらなんて答えよう？　と現実には起きそうもないことを時々考える。

学生時代、寮でシャワーを浴びている時にそんなことを考えていることが多くて、どこかで講演を依頼されたらどんな話をするんだろうと、まだ学校も卒業をしていないのに一人で想像して盛り上がっていた。

好きなことは何かと聞かれたら、真っ先に「食べること！」と答えてインタビュアーの期待を裏切ってしまいそうである。

期待されている答えは「カウンセリングです」とか、カウンセラーらしく「人間観察です」だと思うのだが、私は食べることが好きということしか頭に浮かばない。だから昼食の時間になるとどこのランチに行こうかとワクワクしていた。スタッフと一緒に早めに定食屋に走って行って並ばずに野菜炒め定食を食べる、というのが至福のときだ。

私の父親はせっかちでいつも人に気を使っているから、食事をちゃんと楽しんでいるのか私にはわからず、父親が落ち着いて食事を楽しんでいる印象がなかった。母親は、それなりに美味しい料理を作ってくれるのだが、それを「美味しそうに食べている」という記憶が私の中にあまりない。そんな両親と比べてなのか、私が自分のことで一つだけ自慢できるのは、目の前に出された料理を美味しく食べること。食べることが好き、ということだった。

原宿の相談室で当時の室長が食事のために一人で外に出かけようとする。

受付の女性が「先生、どちらにいかれるんですか？」と聞くと「回転寿司」と優雅に答えるのを聞いて、私は「おー！　かっこいい！」と思っていた。

一人で回転寿司に入って寿司を食べて帰ってくるっていいなと思うのだが、それを真似したことは一度もなかった。回転寿司で安い皿だけを取るのなら私の給料でもできたかもしれないが、自分には敷居が高いような気がしていた。だから、いつも他のスタッフと一緒に近くの定食屋に行ってA定食を注文する。

スタッフはちゃんと悩んでから注文するのだが、私は、悩み始めたらきりがないので目にパッとついた定食を頼んでしまい、あとから、スタッフが頼んだ定食と自分の定食を見比べて「ちゃんと考えてそっちを頼めばよかったな～！」と後悔するが、食べ始めると「うまい！」と嬉しくなる。

ある時、室長が私以外のスタッフを引き連れて独立をしてしまった。2年間勤めていて一回だけしか面接をやらせてもらえなかったポンコツがポツンとそこにとり残される。そんな時に、私が楽しみだった昼食の時間がちっとも楽しくなくなってしまった。

自分が相手にされないで捨てられてしまったから落ち込んでいて楽しくないの？　と思っていたが、しばらくしたら、相談室を経営されていた事務長が「大嶋さん、一緒に食事に行かない？」と誘ってくれ、一緒にランチに連れて行ってくれた時に「あ！　美味しい！」とあの感覚が戻ってきた。

その時に、自分は食べることが好きだと思っていたけどそれは違っていて、誰かと一緒に食事をすることが好きなんだ、ということに気がついた。

ボスがたまにカウンセリングの勉強会の後に焼肉に連れて行ってくれた時も、私が肉を焼いているとボスが喋りながら片っ端から食べてしまうのだが、それでも美味しそうに食べているボスの姿を見ているだけで満足だったし、食事が終わった時に「あー！　楽しかった！」という喜びを感じていた。そしてお会計をする時になって「あれ？　大嶋君、ちっとも食べていないじゃないか！」とボスが優しい声を掛けてくれる。私は人と一緒に食べる時に「美味しい！」と感じるんだ、とちょっと自分のことがわかってきた。

いつも昼食に誘ってくれてランチをご馳走してくれる事務長に恩返しがしたくて、私は必死になって働いた。事務長と一緒に美味しいランチが食べたいからがんばらなければ、とやっとやらせてもらえるようになったカウンセリングに気合が入る。そうしていると、弁当を買ってきて5分で食べて昼休みの時間もカウンセリングをやるようになり「あれ？　事務長とランチに一緒に行く時間がなくなってしまった！」という状態になってしまった。

自分でも不思議だったのは、優秀なカウンセラーになりたいと思って2年間必死に努力していたときは全然ケースをとらせてもらえず、雑用だけで、ちっともいいカウンセラーになんかなれないという状態だったのに、「事務長と美味しいランチが食べたい！」という下世話な目標に変わった途端に「あれ？　カウンセリングが楽しくなっている！」と変わっていたことだ。

そんなことを考えていたらおもしろいことに気がつく。

高尚な目標を持っていたときは、かちんこちんに緊張して運動会で入場行進を先頭でしている時みたいで、手と足が一緒に動いてしまう間抜けな状態で、実際にポンコツで何もできなかった。しかしその目標が下世話なものに切り替わった時に、手かせ足かせがとれたように自由に考えて動くことができると感じるようになる。

あの運動会の行進でなぜあんなに緊張してしまったのかというと、人の目が気になるからとだけ思っていたが、今だったら、先頭に選ばれたことで周りからの嫉妬の目が気になっていたとわかる。

「立派なカウンセラーになりたい！」という高尚な目標が脳のネットワークで周りの人たちに伝わって「そんな生意気な！」と周りの人たちが嫉妬の発作を起こす。その嫉妬の発作が脳のネットワークで伝わってきて、手かせ足かせをかけられたような緊張状態になってしまっていた。ところが、事務長と一緒に美味しいものが食べたい、という下世話な目標が脳のネットワークで周りに伝わったとしてもそこには嫉妬の発作が起きないから、本来の自分のままで考えて動くことができる。

両親や宗教から「清く正しく生きなければいけない」と教わってそれが正しいと思って生きてきたが、どうやらその高尚な生き方こそ自由に生きられなくする呪いなのかもしれない、と気がついてしまった。

こんなことを考えていること自体が〝高尚〟となり得るので「美味しいものをみんなと一緒に食べたい！」というものに慌ててすり替える。

そう、私は美味しいものが大好き。

外国人のストレスのデータをとりたかったのに……

私がアメリカから日本に帰ってきたのは、日本で働く外国人のストレスデータの調査をしたい、という理由からだった。自分自身がアメリカに行ってストレスを抱えながら生活をしていたから「日本で働く外国人のストレスとその癒し方」を調査してアメリカに持ち帰って研究しよう、と思っていた。

そうして帰国後、外国人が多く働く日本企業の経営企画室で企画書を書く仕事についた。企画書の内容はもちろん「会社の役に立ちますよ～！」という魅力的なものにしていたが、実際は「働く外国人のデータが頂けるぜ！」という流れを作っていた。

ところが実際に現場を調査してみると、日本人のスタッフよりも外国人のスタッフの方が優遇されていることに気づき頭にきてしまう。「なんでみんな平等に扱わないんだ！」という怒りが私の中から湧いてくる。

どうして外国人にペコペコして言いなりになるのかと会社の偉い人たちに対して怒ってしまい、その怒りが社長に伝わって社長から呼び出された。社長から「大嶋！　お前は何もわかっていない！営業でトップの成績をあげたらお前の話を聞いてやる！」と怒鳴りつけられた。

「お前は何もわかっていない！」と言われたことが悔しくて涙を流しながら、8人の女性だけの部署で営業の仕事に就いた。社長に反抗した生意気な新入社員という情報は全支店に流れていて、初日から8人の女性から冷たい目で見られていた。そんな中で営業成績を上げれば認めてもらえると思って、がんばって営業をした。そしてがんばって成績を上げていったら「え？　トップをとったはずなのになんで？」ということが起きた。

私の売り上げが、他人の業績にすり替えられていたのだ。店長に抗議をしたら「あんたが最後まで仕事をやらなかったから、あの人の業績になった」と言う。確かにカード会社への入金確認だけは、私は電話が苦手だったので同僚にお願いしたのだが、「それだけで？」と体から力が抜けて床に座り込んでしまった。

いい仕事をしたら認められるとテレビドラマのようなことを考えていたが、それはテレビの中だけだった。部内でチームワークを作ってスムーズに仕事を回せば、派閥のようなものを店長に作られてぶち壊される。そして、あるときスケジュール帳から「大嶋のお客さん」と顧客の名前が書いてあったものが消しゴムで消されていてびっくりしてしまう。「誰がやった！」と大学時代にシャワーのタオルをとられて怒った時のような声をあげると、「ごめん！　私が間違えて消しちゃった！」と店長の側近がニヤニヤしながら答えた。どういうことかと店長に問い詰めると「あんたがそんなことをやられるようなことをしているからいけないのよ！」と悪びれもなく言われてショックを受けた。

私の成績が他の人に移されていたのは「まあ、ありなのかな？」と笑って受け流すことができた。でも、自分が大切にしていたお客様の名前を消してお客様に迷惑をかけたことが私には許せなかった。いや、そんなお客様に迷惑をかける状況を作り出してしまった自分のことが許せなかった。次の瞬間に私は腹痛を起こして倒れた。倒れながら、わかりやすいリアクションだなと自分でも思っていた。

お腹を抱えながらなんとか家に帰り着いたが、次の日もお腹が痛くて出社できず。その次の日に嫌々出社をしたら、どうやら店長が一連のことを社長に話したみたいで私に辞令が出ていた。

激戦区の店長を命じられたのである。辞令を見てショックを受けた。

店長は「大嶋君、出世じゃない！　良かったじゃない！」と引きつった笑顔で言っている。

「営業成績でトップになったら社長は話を聞いてくれると言ったじゃないですか！」と私は心の中で叫ぶが、店長に言ってもしょうがないこと。社長に電話をして直談判しても、時間の無駄だということはなんとなく見えてしまう。私は研究のデータを集めるために日本に帰ってきたのだから時間を無駄にできない、と思って「辞めさせていただきます！」とその場で店長に辞令を突き返した。

店長は「大嶋君、早まったことをしない方がいいよ」と、この展開を予測していたみたいにニヤニヤしながら口先だけで止められた。店長はすぐに社長に電話をして、私の辞意を伝えた。すると店長が「社長が、お前のなりたいポジションを与えてやる！　と言っているけどどうする？」とちょっと驚いた顔で言った。私は「いや、結構です！」ときっぱりと断って、最終日まで営業を続けた。

ボスのおかげと言いまくる

「いや～！　あの時に辞めなきゃよかったなー！」と古ぼけたビルのカウンセリング室で３５０円の弁当を2個、目の前に並べながらつぶやいている。

　あの時辞めてなかったら今頃は真っ赤なスポーツカーとかに乗っていたんだろうなー、とちょっと想像してしまう。そんなことで辞めてしまって外国人のストレスのデータもとれず、路頭に迷っていたポンコツの私を拾ってくれたのがボスだった。弁当を急いで食べ、歯を磨いて、ボスが紹介してくれたクライアントさんのカウンセリングを始める。

　心臓が苦しくなってしまう症状で悩んでいたクライアントさんが「先生のおかげでちっとも苦しくなくなったんです！」と満面の笑みで話してくれた。父親と夫から裏切られ心の傷を負い、その傷が胸を圧迫していた。その心の傷から解放された時にクライアントさんは自由に怒りが出せるようになり、胸の苦しみからも解放されていた。

「先生のおかげ」というのは耳に心地が良かったが、それを聞いた時に、さっきお昼を食べた時に前の会社での苦い出来事を思い出していた理由がわかってしまった。

　そこで私は「ボスの治療は本当にすごいですね！」とクライアントさんに返した。すると、クライアントさんは「え？」と狐につままれたような顔になった。

「いや、ボスの治療は本当に素晴らしいんです！　こんなに早く楽になられるなんて正直私もびっくりしてしまいました！」と私は本気で驚いて、クライアントさんに治療内容を解説した後に「診察の時に、大嶋がボスの治療はすごいってびっくりしていました！　とお伝えください」とにこやかに話す。

　クライアントさんは「わかりました」と笑顔で帰って行かれた。そこから、ボスからの紹介のケースが劇的に増える。ケースを紹介されて、すべてのケースをボスに言われた通り記録を書面に残して「ボス！　このケースの治療はどうやったらいいですか？」と相談に行く。

　そして、カウンセリングの中では「ボスがあなたの治療方針はこんな展開で進めましょう、とおっしゃっていました」と伝えて進めていくと、いい感じにクライアントさんが自由になっていく。

　クライアントさんが自由になったら「ボスのおかげ、と大嶋が言っていた」と診察の時に伝えてもらうか、私がボスに「ボスの言われた通りにやったらこんな風に素晴らしい展開になりました！　ありがとうございます！」とフィードバックをする。私はケースをまとめて、芸能人のネタを狙うパパラッチのように待ち伏せして「このケースはどのような見立てになりますか？」「こんな風に治療展開を考えているのですかいかがですか？」と聞いて、そのまま一字一句違えずにケースに使うようにしていた。

しかしケースがどんどん増えていくと、とうとうボスが私の相談をあまり聞いてくれなくなってしまった。

けれど私はそれがちょっと嬉しかった。何かを獲得したような気持ちになるからだ。

でも、なにか次の一手を考える必要を感じていた。

最悪を想像していいんですよ！

「ボスが私の話を聞いてくれなくなった」ということからは、いくつもの可能性が考えられる。ボスの秘書は「大嶋さんがボスの下で勉強をして実力をつけたから安心したんじゃないですか？」と言ってくれた。実力を認められ「もう話を聞く必要がない。君は自分で考えてやりなさい」という無言のメッセージなのだろうか。そうであったらいいなとちょっとだけ思い、その場では嬉しそうな顔で受けとって家に帰った。

ところが家に帰ると、自分がボスに対して失礼な発言をして怒らせてしまったのかもしれないと頭にバーっと浮かんできて「なんで、あの時にあんな馬鹿な質問をしたんだろう？」とか「なんでボスに聞かれた質問にちゃんと答えられなかったんだろう？」と後悔がどんどん湧いてきてしまう。そして、その反省から「ボスに〝あいつは馬鹿だ〟と思われて相手にされなくなった」という最悪の状態が浮き彫りになってくる。

ぐるぐる考えていると「こんな風に劣等感にまみれている私をボスは気持ち悪がって話をきいてくれなくなった」とわかってくる。いつも、自分から前向きな意見が述べられなくてこんな気持ち悪い自己反省ばかりしているから、ちっとも成長しない。そんな成長が見られなくて同じ失敗ばかり繰り返している私に愛想が尽きたから話を聞いてくれないんだ、ということまで見えてきた。

いつもこんな反省ばかりしていて、自分の失敗ばかり頭の中でぐるぐる回ってしまって時間が過ぎ、そして頭のエネルギーが消耗して何もしたくなくなってしまう。

ボスに言われたことや指摘された問題をヒントに自分から積極的に勉強すればいいのに、こんな「ボスから嫌われている」というような、しょうもないことをぐるぐる考えて時間を無駄にしてしまっている。いつも最悪なことを想像して、まったく戦ってもいないのに頭の中で戦争を戦い抜いて敗北してしまったような疲弊感で「もう頭が疲れた」と学習する気力がまったくなくなり、寝てしまう。

そしてボスから「大嶋君、君には才能がないからもう職場に来なくていいよ、だって君のやっていることは中身が何もないじゃないか！」と言われている場面を想像して、それが現実になるような気がしてしまう。だから私は必死に仕事をして、その最悪なシナリオを避けようとしていた。

たぶん、友達に相談したら「そうやって最悪を想像して、そうならないようにがんばれるんだからいいじゃないか！」と言われる。でもそれは私の頭の中を見ていないから言えること。頭の中はまるで地獄絵図でぐちゃぐちゃ、ドロドロで、それを想像するだけで疲れ切って何も前向きになれず、何一つ楽しむことができなくなっていた。

ため息をつき、催眠のお師匠さんだったら、こんな私にどんな言葉をかけてくれるのだろうかと思った。

お師匠さんに「最悪なことばかり考えてしまって、何も前向きなことに手をつけられないんです！」と伝えている場面をイメージしてみる。すると、お師匠さんがにっこりと「最悪を想像していいんですよ」と言ってくれる。

「いや、師匠！　私はそんなことで時間を無駄にしたくないんです！　この最悪な想像を止めたいんです！」と必死になって伝える。

けれどお師匠さんは「うーん！」と顎に手を置いて、ちょっと考えたふりをして「そうですね、だから、最悪な想像をしていいんですよ」と真剣な顔で言った。

お師匠さんの言うことだからとりあえずやってみるしかないか、と私は最悪なイメージをあえてしてみようとした。しかし、最悪なイメージをしようと意識をすればするほど頭が真っ白になって何も浮かんでこなくなり、とまどう。あんなに得意だった最悪のイメージが「最悪のイメージをしていいんですよ！」とお師匠さんに言われた途端にうまくできなくなっていた。

お師匠さんのことを思い出していると「あ！　これって催眠の講座の時にお師匠さんにやられたんだ！」と思い出す。いつもお師匠さんに催眠状態に入れられてしまうから、あそこで何を勉強してきたのかまったく覚えていない。でも、お師匠さんだったらこの場面でなんて言うだろうかと想像した時に、催眠でさせられていたことを思い出して「最悪な想像をしていいんですよ」というセリフが出てくる。本当にお師匠さんのセリフなのかどうか自分には確信がなかったが、お師匠さんを想像するとそのセリフが浮かんで、自分が得意だったそれができなくなったのだ。

この時から「最悪な想像をしていいんですよ！」というセリフは私のお気に入りになっていた。分厚い最新の精神医学テキストを読もうとした時に「こんなの読めない」と気が重くなり、そこから「また時間を無駄にして何もしない」という最悪が浮かんできそうになったら、優しい口調で自分にそのセリフをかけてあげると「1ページだけだよ！」とテキストが開ける。そしていつもだったら、まだ1ページ目しか読んでいないのをきっかけにどんどん嫌なイメージにまみれて集中できなくなるのに、「最悪な想像をしていいですよ！」と声をかけてあげると、黙ってページをめくってコツコツと読み始める。すると自分でもその集中力にびっくりしてしまう。

ある時は、部屋の片付けをしようと思っていて「あーあ、また面倒くさがって時間を無駄にしちゃうんだろうな」と過去の嫌なことが思い出されてきたら、お師匠さんの優しい声のトーンでそのセリフをかけてみる。すると何も考えずに物を捨てて気持ちよくなっている自分がいるから不思議。いつも「あ！　これが後から必要になったらどうしよう？」と捨てられずにいたのは、捨ててしまって後から困ったことになる、という最悪な想像が自分の中に広がっていたからだ。

そして、これを続けていたら、自分の中のおもしろい宝物を発見してしまった。

そう、最悪の中にまみれていた宝物。

自分の宝物は最悪を想像する力

スーパーに買い物に行くと鯛が安くてちょっとテンションが上がる。「鯛を使った料理」を思い浮かべる。料理好きな人なら鯛を使ったメニューがたくさん頭に浮かんでくる。

新鮮だったら鯛の刺身、鯛の刺身を昆布で包んだ〝昆布じめ〟、さらに皮をつけたまま湯引きをしてパクチーをその上に散らしてナンプラー（鯛の魚醤）。シンプルで美味しい塩焼き、オーブンで塩釜焼きも鯛の旨味を引き出すことができる。アクアパッツァもできるし、和食だと鯛の煮付けにしたらご飯に合う、鯛をご飯と一緒に炊いて鯛飯なんかにしても最高においしくなる。

普段料理をしない人だったら「鯛ってどうやって調理をしたらいいんだろう？」と頭が真っ白になってしまうけれど、普段から料理のことを考えている人は「たくさんのメニューが頭に浮かんできて選ぶのがたいへん！」となる。

鯛の料理にいろんな種類があるように「不安」にもいろんな種類がある。

カウンセリングで「私は不安なんです」と訴えられた時、ボスに「クライアントさんが不安だとおっしゃっていました！」と報告をすると静かに怒られる。

人から拒絶されて見捨てられる不安、人から裏切られる不安、いじめられる不安、病気への不安、精神的な病への不安、仕事で失敗する不安、金銭的な不安、家族の健康の不安、などなど挙げていけばきりがない。さらに、その不安が突然襲ってくるのか、それともずっと頭の中にモヤモヤあるのか、リラックスをしようとすると浮かんできて苦しくなるのか、という感じで人によってさまざま。時期や時間によってもその不安の度合いが変わっていく。

一般の人が「不安なんです」と聞いたら「はあ、誰だって不安になるよね！」というように〝不安〟は色に例えると一色でしかない。しかしボスから言わせれば「不安」は「鯛」と同じであって、その人が抱えている不安の種類はものすごくたくさんあるから、それをちゃんと味わってこい！　という話をされる。さらにボスは、その「不安」が出来上がった原因の〝仮説〟を最低でも８通り考えろ！と当たり前のようにいう。

ある人が「人から裏切られる不安で人とうまく付き合うことができない」と言っていたら、その原因かもしれない〝仮説（ストーリー）〟を8通り立てる必要がある。

最近、あるいは学生時代に友達や信頼している人に裏切られた心の傷がある可能性が一つ目の仮説。もちろん、恋愛対象から裏切られたという経験も大切になり、さらに信頼していた先生や上司から裏切られた場合、心理的には相当なダメージを受けると考えられる。兄弟から裏切られて傷つけられたことが心の傷になることもあるが、親から裏切られてしまうと、その裏切られた体験をした年齢が大切な時期だと、そこから人との信頼関係を築くのは難しくなってしまう場合がある。

両親の不仲があって母親が父親から裏切られた、と訴えていたり、それを隠している場合でも、間接的な心の傷を受けてしまうため人のことが信頼できなくなってしまう。直接的な心の傷よりも間接的な心の傷の方がダメージが大きい場合が多い。さらには母親が妊娠中に父親が浮気をしてしまった場合も、母親の精神的なダメージを受けて「人のことが信じられない」となることから「裏切られるのが怖い」という可能性も考えなければいけなくなる。

出産直後に母親に愛情を持って抱きしめてもらえないと脳内の信頼関係のホルモンがちゃんと分泌されなくなり、人のことが信頼できなくなるから「裏切られるのが怖い」となることも考える。遺伝的に「信頼関係のホルモン」に問題がある可能性もあって、両親やその兄弟さらに従兄弟たちの情報から「裏切られるのが怖い原因はそれなのでは？」と仮説を立てる必要がある。

頭を強く打ってしまいタウタンパク質が脳内で発生してしまって、それが人に対しての認知の歪みを引き起こしている可能性もある。さらには、不登校や引きこもりをした経験があると脳内にmDiaというタンパク質が増えて外に出るのが怖くなるから、それが「人から裏切られるのが怖い」に変換されているのかもしれない。

あげていけばきりがないのだが、カウンセラーは「不安」というお題を聞いた時に８通りの仮説を常に頭に浮かべる必要があるとボスから教えられた。

私は子供の頃からいつも最悪な可能性をいくつも考えて苦しくなっていた。でも、催眠のお師匠さんから「最悪を想像していいんですよ！」という言葉をかけられて「最悪を想像することも私の能力だった」と気がついてしまった。これまでありとあらゆる最悪を想像してきたので、「不安」というお題から仮説をフランス料理のフルコース並に用意ができてしまう。だからボスから「８個の仮説を出してみろ！」とお題を出されると、同僚は「シーン」と下を向いてしまうのだが、私はボール遊びを飼い主にしてもらいたくてしょうがない子犬のように落ち着きがなくなる。

とても興味深かったのは、ボスに「仮説はこれです！」とお伝えしても「答えはこうだ！」とまったく違うストーリー展開を話され、否定されることだった。とても悔しい思いをして、今度こそはと思って仮説を披露するがボスは斜め上を行っていて、ボスの引き出しの多さに感動する。

でも、ある時に、ボスの特徴に気がついてしまう。私がＡといえばボスはＢと答える。そしてＢと答えればCだと言う。だんだんそのコツがつかめてきたので、答えがAだと思っている時にあえて間違えてBと答えてみると、ボスは「答えはAだ！」と言ってくれてちょっと感動する。答えがBだと思っている時に、わざと間違えてCだと自信を持っている風に答えると「そんなこともわからないのか！」という感じでBの答えを披露してくださる。

これを発見した時に「ボスってすごい！」と感動した。なぜなら、ボスが「俺はすごいカウンセラーなんだ！」という万能感を持たせないためにやっていることがわかるから。

自分は相手を変えられるんだ！　というのが万能感で、それをしてしまうとクライアントさんに歪みが生じてしまい、やがて「ドーン！」と大地震が起きてしまう。万能感を持ったカウンセラーの力が、クライアントさんにとってはストレスとなってしまうのだ。そのストレスが感覚を麻痺させてしまい、それによってストレスが蓄積して「ドーン！」となってしまう。

ボスのその指導のおかげで「正解がない」を体験することができ、常に科学的な立場で仮説を立てて検証する姿勢が大切であることを身体の芯にまで染み込まされた。

催眠のお師匠さんと一緒なんだというおもしろい共通点が見えてきた。

あなたは尊敬する父の子

良いことがあったら必ず悪いことが起きる。それが私の中の法則になっていた。

「あ！　おもしろいことに気がついた！」と調子に乗っていたら、相談室のコンピューターで余計な操作をしてしまいクライアントさんの予約を全部消してしまった。わなわなと手足が震えてきてしまう。

コンピューターの操作速度をもっと早くしたいと思って「これをやれば早く動くんじゃないか？」と思い操作をしたら「プッツン！」とコンピューターが壊れてしまい、動かなくなってしまった。うわー！　また余計なことをしてしまった。手の震えが止まらずに自分でどう処理をしたら良いのかわからない。

とりあえず事務長に電話をして「私が余計なことをしてコンピューターを壊してしまいました、大変申し訳ありません！」と平謝りする。事務長は「大丈夫よ！　なんとかなるわよ！」と優しい言葉をかけてくれて、私の目から涙があふれてきてしまう。こんなことで涙を流している自分が情けないのだが、クライアントさんにも迷惑をかけてしまうし、事務長にも申し訳なくて、涙を流しながら手の震えが止まらない。

自分が調子に乗っていると必ず嫌なことが起きる。そして、叩きのめされて自信を失って立ち上がれなくなってしまう。このままだと今日の面接で動揺してしまって、仕事ができないのでは？　いや、こんな自分がもう調子に乗って仕事をしていてはいけないのでは？　本当に申し訳なくて絶望的な気分から、もうこの世に存在してはいけないような感覚になっていた。そんな時に、私の中に「あなたは尊敬する父の子」という言葉が浮かんできた。

「なんだ？　これは？」そう思っていたら再び「あなたは尊敬する父の子」という言葉が頭の中に繰り返し浮かんでくる。その言葉は正直、自分ではまったくピンとこなかった。むしろ父親に対してはものすごい怒りがあった。それは、ずっと経済的に母親を苦しめていたからなのかもしれない。

それなのになぜ「あなたは尊敬する父の子」というのが浮かんだんだろう？

「私は尊敬する父の子」と頭の中で唱えてみる。すると、すーっと動揺が引いていき、手の震えが止まった。再び唱えてみると、頭が冷静になり自分のやるべきことが自然と見えて、再び自分の中に何か揺るぎのないものが構築され始めていた。

「恐怖」と「尊敬」で冷静さをとり戻す

「私は尊敬する父の子」という言葉でなぜ私は落ち着くことができたんだろう？　父親からは、殴られ投げ飛ばされて床に叩きつけられて、みんなの前で見せしめのように尻を叩かれて辱められたりし、恐怖の対象でしかなかった。同時に、母親から「人がいい父親の問題」を散々聞かされてきて「なんで信じちゃいけない人を信じて騙されて搾取されるんだ！」と怒りを感じていた。

　問題のある人を会社で雇ってしまい、そのしわ寄せで、貧乏な生活を強いられていた。貧乏で母親はいつも体調が悪く不機嫌で、家の中がどんよりと暗黒の世界のよう。その暗黒の世界の中で私は常にファンタジーの世界の中に逃げ込み、現実の課題には一切取り組むことができず、学校の先生からは「落ちこぼれ」の称号をいただく。その称号を持って帰ると、母親はますます悲しそうな顔をして体調が悪くなり、それを見て父親が激怒して私を殴る。

　そんな父親をどうやって尊敬するんだ？　と思った時に、モルトン教授が、日本は天災が多いからありとあらゆるものを神と崇めるリスペクト（尊敬）がある、と「孤独」の話をした時に言ったのを思い出す。「そういえば〝地震、雷、火事、おやじ〟って昔から言うよな」と日本の古い4大恐怖が浮かんできた。災害の中に親父が入っているのがおもしろい。

確かに、私は父親のことを天災級に恐怖していて、子供の頃は父親が帰ってくる音を聞いただけでドキッとしていた。そんなことを振り返ってみると、私は大学の教授に対し「父親」を重ねて見ていたから「恐怖」で「尊敬」する。こんな父親だったらいいな、とは一度も思ったことはないのだが、いつも教授の目の前に立つと「尊敬すべきお父さん」という感覚になってしまう。そして、催眠のお師匠さんに対しても「冴えないサラリーマンのおじさん」という印象だったが、やはり「尊敬すべきお父さん」として接していて、ボスに対してもそうだった。

教授、お師匠さん、ボスにしても「父親に対する尊敬の念」がそこにある時に「あ！　私は落ち着いて自分のやりたいことが見えていた！」という姿が見えてくる。

そう考えたら、落ちこぼれの私が学校を卒業できたのは教授を父親に見立てて尊敬したからであり、会社では社長を父として恐れ、クリニックでは院長を尊敬していて、仕事をこれまでやってこれたのは自分一人の力ではなかった、ことに気がついた。目の前に尊敬する存在がいないと不安になって自分の存在価値が見出せなくなるパターンがそこにあった。

尊敬する存在がいないと「自分一人の力でなんとかしなければ」と思って失敗し、そこでそこはかとない孤独を感じて、そこから自分一人で這い上がることができないような絶望的な感覚に陥ってしまう。そんな感覚から、この先、何から手をつけたらいいのかまったくわからなくなってしまい、自分の能力が発揮できずに自分の存在価値が見出せなくなる。それがさっきまでの感覚だったのに、「あなたは尊敬する父の子」という言葉から「私は尊敬する父の子」と唱えただけで、不思議と私はそこから這い上がることができた。

「私は尊敬する父の子」と唱えただけなのになぜ、ともう一度自分の頭の中で唱えてみる。すると「あ！唱えると脳のネットワークで〝尊敬する父〟に繋がるんだ！」ということが感覚的にわかってくる。

私は、いろんな方を「父」と重ねて見ていたので脳のネットワークで誰とつながるのかはわからないが、尊敬できる脳とつながりその脳の力を使うことができるから、冷静さをとり戻し、やるべきことが自動的に見えてくる。

確かに学生時代に「周りはみんな敵！」と思っていた時にはまったく勉強ができなかったな、と笑えてくる。寮の遠足のミーティングでみんなの前で泣いて、寮の連中のことを尊敬できるようになった時に勉強がスムーズになったと感じたのは、尊敬した時に相手の脳と繋がって、脳のネットワークで相手の能力を拝借することができたからだ。

いちいちミーティングで泣かなくても「私は尊敬する父の子」と唱えるだけで、あれと同じようなことができる、というのはちょっと興味深かった。

物理の教授から「日本人はチームワークが優れているけど、個人個人では欧米人にかなわない」と言われたことを思い出した。

企業に入っていたころの私が、支店で他の社員たちとチームワークで仕事を進めた時にグループでトップとなったのは「チームの脳のネットワークでお互いの知恵を使い合う」ことをしていたから。「尊敬」が脳のネットワークを活かすキーワードになるのだが、尊敬が〝嫉妬〟に転換されてしまったことで私は〝孤独〟を感じてその場で倒れてしまった。モルトン教授が教えてくれた「嫉妬で孤独」を私は体感したのだ。

尊敬がなければ嫉妬に変換されてしまい、お互いが潰し合いの状態になり、日本人の特徴であるチームワークを生かせなくなってしまう。

今、「地震、雷、火事、おやじ」は死語になってしまっている。身近にいる父親に対する恐怖が生み出す「尊敬」がなくなってしまった。父親に対する恐怖と尊敬が失われてしまったのは、日本の敗戦トラウマが関係していると思っていた。

戦前、天皇を「神」として、最高の尊敬すべき存在として祭り上げていた。戦後、その神は「人間だった」となる。敗戦のトラウマが「尊敬すべきものを失う」ことになり、「父親に対する尊敬」も失われて「ただの人間」となってしまった。それが日本の家族のシステムをじわじわと変えていき、やがて日本人特有のチームワークに影響を及ぼして本来の日本人の良さがどんどん失われていった。そう考えているんです、と私はお師匠さんに食事の席で熱く語っていた。

お師匠さんはガッハッハと大きく笑いながら「大嶋さんはやっぱりおもしろいですね！」と私の背中をバンバン叩く。そして、お師匠さんは私の首根っこをつかみ頭を左右に揺さぶりながら「それで大嶋さんはどうしたいんですか？」と温かい、期待を込めたトーンで聞いてくれる。私は「心の傷を治療できるようになって日本を元気にしたいんです！」と元気よくお師匠さんに伝えてみた。するとお師匠さんは豪快に笑って私の頭をバンバン叩き、「大嶋さんだったらできるかもしれませんね」と真面目な顔で言ってくれた。

この時、私はトラウマ治療の権威であるボスの下で働いていたので「心の傷（トラウマ）の治療がすべて」と信じて疑わなかった。

お師匠さんは、私が「私の尊敬する父の子」と唱えるだけで脳のネットワークで他の人の知恵も使えるようになって自分が揺るぎないものになった、と言っていたにも関わらず「トラウマ治療をしたい」と矛盾していることを言っているのに、その矛盾については指摘することがなく、ただ大声で笑って優しく背中を叩いてくれていた。

お師匠さんは、いつか私が言葉の力を信じる時が来るとわかっていて、「ガッハッハ！」と豪快に笑っていた。

温泉がとっても好きなのに

アルコール依存症のクリニックの先輩は「俺は40になったらもう働かない」と言っていて、先輩の真似をしたくなった。真面目で実直な先輩で、自分たちにも患者さんにもいくつものステージがあるのだと優しく教えてくれた。

自分を変えようと一生懸命に努力するステージ。自分が変わらないので周りの人を変えようとするステージ。そして、いくら努力しても何も変わらないがそれを認めようとしないステージに入る。そして、何も変わらないことで怒りまくるステージ。それから、プライドを捨てて何かにすがっても変わろうとするステージ。やがて、何もできなくなるステージ。最後に、すべてのありのままを受け入れることができるステージ、というものだ。

そんな先輩だから、患者さんがどんなに大変な状態になってもいつも冷静に対応してくれる。その先輩がマンションを購入した時、先輩とは歳が一回り上の独身の看護師さんが引っ越しの手伝いをした。先輩は、自分の引っ越しで周りのスタッフに迷惑をかけたくなかったから誰にも言わず、たまたま近所に住んでいた看護師さんがそれを知って手伝いに行っただけのことだった。すると、クリニックの事務長に「独身男性の家に独身の女性が一人で引越しを手伝いに行った」と男女関係の疑いから問題視をされてしまい、看護師さんは結局職場を離れることになってしまった。

私は先輩の近くにいて先輩と看護師さんの仲をよく知っていたので、先輩は誤解されているのによく怒らないなと、定められたステージにしっかりと乗っかっている先輩を見て感心していた。

仲が良かった看護師さんが辞めさせられることになっても、先輩はちっとも動揺はしておらず事務長に対しても態度は変わらない。この人だったら本当に40歳で仕事を辞めて「もう仕事はしない！」という生活ができるかもしれない、と心の中で期待していた。

催眠のお師匠さんも「50歳になったら引退して、東京都の小さな島に移住します」と宣言していた。空気のきれいな島に移住してのんびり暮らしたい、という夢があったみたいで「お師匠さんの夢が現実になったらいいな～！」と心の中で半分だけ思っていた。もう半分では「お師匠さんとこれからおもしろい仕事を一緒にたくさんやりたいから小さな島に移住するのは困る！」と思っていた。しかし私がそれを願ってしまえばお師匠さんの夢を潰すことになってしまうから葛藤があった。

あのクリニックの先輩のように、すべてを受け入れられるようになっていない自分がそこにいた。そんな自分でも、これから先、先輩やお師匠さんのような夢があるのか？　と聞かれたら「ある！」と自信を持って答えられた。

一度だけフィジーに行ったことがあって「おー！　楽園じゃ～！」と感動する。ここに移住して、ただひたすら本を書きたい！　とその時、思った。まだ一冊も書いていないし、書く予定もないし、まともな文章がそれまで一度も書けたこともなかった。でも、私には学生の頃から「本を書いて暮らしたい」という夢があった。それだったらどこにでもいけるし、どこでも仕事ができる。

楽園のような場所でのんびりと仕事ができたらいいな、と思っていたから「南の島に移住したい！」という夢が私の中にあった。でも、お師匠さんの宣言を聞いてしまったから「真似している！」と言われるのが嫌で誰にも話さなかった。

私が誰にもそれを話さない、もう一つの理由があった。それは〝休むと調子が悪くなる〟という呪いのような体質。週末に「休みだー！」と思って、たまに温泉に旅行に行く。きっかりチェックインの時間に宿に行って、誰よりも一番先に温泉に入って、そこから夕食の時間までずっと浸かっている。いつも仕事で緊張しているので、リラックスしなきゃという思いがあったのかもしれない。とにかく、できるだけ頭を空っぽにして温泉を楽しんでいた。そして小さな旅館の食事を楽しみ、次の朝も温泉に入って、朝食を食べて、旅館から家まで帰ってくると「イタタタタ！」とお腹が痛くなって倒れてしまう。

たぶん、普通のお母さんが子供のこの状態をみたら「この子は学校が嫌で学校に行きたくないから、こんな症状を起こして訴えているのね！」と精神科のお医者さんも脱帽の精神分析をする。

このことをお師匠さんに相談したら「大嶋さんの無意識が大嶋さんに何かを訴えているのかもしれません」と言われるような気がしていた。自分の無意識が「仕事の量を減らしたい！」と訴えてくるような気がしていたから「お師匠さんには相談できない！」となってしまう。

カウンセリングルームの事務長に相談したら、すぐに知り合いのお医者さんの予約をとってくれて、胃カメラを飲まされて、胃潰瘍の痕跡があったことから「あんたは真面目すぎだよ！」と説教をされる。

そんなお医者さんの見解も一理あるかもしれないけど、自分ではなんとなく、真面目でも仕事が多すぎるわけでもなく、仕事依存症になっているのでは、という疑いがあった。

仕事をしているときは、ものすごく緊張しているのが自分でもわかる。ありとあらゆる可能性をいつも考えていて「頭の中が常にグルグルじゃ〜！」となってしまう。そんなときは、緊張のホルモンがバリバリ出ていて〝緊張のホルモン漬け〟の状態。

クリニックで先輩と仕事をしていた時の話だが、お酒を切らしたことがないアルコール依存症の患者さんがお酒を断ったら、「胃が痛い！」とか「腰が痛い！」や「吐き気がする〜！」などのさまざまな訴えを起こした。それを見た周りの人は「甘ったれている」とか「お酒が飲みたいから症状を訴えて逃げようとしている」と解釈した。

でもそれは、アルコールで体のホルモンのバランスが保たれていたものが、急にそのバランスを崩してしまうから調子が悪くなっただけ。それと同じように〝緊張のホルモン〟で体のバランスが保たれていた私がそれを絶ってしまうと、体内のホルモンのバランスが崩れて調子が悪くなったのではと私は疑っていた。

　明日から仕事だ！　とか学校だ！　という時に「調子が悪い！」や「行きたくない！」となってしまうのは、緊張のホルモンが切れた状態で禁断症状になっているからなのだ。

　その緊張のホルモンのことを考えると「真面目すぎる」と診断した医者の見解も間違っていないのかもしれない。

　自分がしっかり勉強しなきゃ！　とか、なんて自分はダメなんだろう！　と勉強中や仕事中に自分を責めれば責めるほど、緊張のホルモンが分泌されて〝緊張のホルモン漬け〟が出来上がってしまう。クリニックの先輩や催眠のお師匠さんのように「すべてありのままに〜！　受け入れる〜！」なんてことが私にはできない。緊張にまみれ、もがき苦しみながら泥のように生きている。

　こんな泥まみれの私が南の島なんかに移住したら、あっという間に体の調子が悪くなって存在自体が消えてしまう、ということはなんとなく予測ができたから「あーあ！　自分には南の島の移住計画は無理なんだな！」と知っていた。そして、このまま苦しみながら一生を終える覚悟が自分の中にはなんとなくできていて、先輩が教えてくれていたステージの意味がなんとなくわかったような気持ちになっていた。

伝わってくる苦しみ

会社で営業の仕事をやらされていた時、いじめを受けると下っ腹が痛くなっていた。カウンセリングの仕事をやるようになって「イタタ！」となるのは胃で「口から胃が飛び出してしまうのでは？」と思うぐらい辛く、家の中でのたうちまわっていた。

カウンセリングにはいろんな方が訪れて、なんとかしなければ！　と必死にもがく。クリニックの先輩のステージで言ったら、自分はいつまでも初期のステージで止まっているな、と恥ずかしくなるのだが、それが止められない。

ボスが旦那さんに暴力を振るう奥さんのことを「飛び蹴り妻」と命名した時に「そんな大げさな！」と思っていた。でも実際にお会いしてみると、本当に旦那さんに飛び蹴りを食らわせているんだとびっくりする。

カウンセリングでは「飛び蹴りを止めさせる」のが目的ではなくて、旦那さんに対する飛び蹴りをやめたくても止められない原因になっている「心の傷」を探して、それを治療する。

「心の傷」は多くの場合、記憶に残っていない。なぜなら、心の傷は「感情」と「状況記憶」がバラバラになることで起きることだから。

記憶は感情の質で整理されている。「悲しい」という感情を伴う記憶は、脳の記憶の「悲しい引き出し」へ整理されて保管される。「ムカつく」という感情は、脳の「怒り」の引き出しへと整理されて保管されていく。

心の傷は、あまりにもショックで脳が「え？　そんな感情をこれまで整理したことがないよ！」と整理を拒否してしまい「あれ？　あの当時のことが思い出せない」という感じになる。そして整理されなかった感情記憶がその当時のフレッシュなまま残り、突然襲ってくる。

私の場合、交通事故を起こした記憶がまさにその状態になった。事故を起こして、その前後のことはなんとなく覚えているのだが、記憶が曖昧で思い出せない。そして飛行機やエレベーターに乗った時に突然「怖い！」と死ぬような恐怖が襲ってきて、まともに息ができなくなりパニック状態になってしまう。事故の時に整理できなかった「死の恐怖」の感情がフレッシュなまま残っていて、それが突然悪さをして私を苦しめていた。

だから「旦那さんを飛び蹴りしてしまう」ことが問題ではなくて、「突然襲ってくる、抑えられない怒り」が心の傷で、その原因を探す必要がある。本人にはその記憶が脳内で整理されずに抜け落ちているから、慎重に推理をしながら記憶のパズルを組み立てなければならなかった。

この「飛び蹴り妻」は、外見が「あ！　この奥様だったら家で暴れますよね！」という感じではない。むしろ「え？　こんな優しく真面目な奥様が暴力を振るわれるんですか？」となるのが心の傷のなせる技。

だから、カウンセリングに来ても「昨日、旦那さんが料理をしたのを床に叩きつけて、それを涙しながら拾っている旦那を後ろから蹴飛ばして、倒れた旦那を足で踏みつけてしまいました」と淡々と語る。「え～？　本当に？」と思うぐらい冷静に語れてしまうのは「感情記憶」が心の傷でうまく整理できていないから。整理できていない怒りの感情が突然旦那さんの目の前で降臨して、旦那さんをものすごい目に合わせる。そして、その怒りの感情はいつの間にか去り、カウンセラーの目の前には現れてこないのだ。

ある日、「あれ？　今日はすこぶる調子がいいぞ！」とルンルン気分で仕事を進めていた。カウンセリングルームには待合室があって、受付が「次の方、お部屋へどうぞ！」と案内をするとクライアントさんがドアをノックするので「どうぞお入りください！」と答えて部屋に入ってもらう。

カウンセリングの合間で記録を整理しなければならないので、慌てて記録を整理して次の方は誰かを確認せずに「次の方をご案内してください！」と受付にお願いしてしまった。

ドアがノックされ、「どうぞ！」と声をかけて、次のクライアントさんがドアノブを回した瞬間に胃が激痛に襲われた。部屋に入ってきたのは、飛び蹴りの奥様だった。飛び蹴りの奥様はいつものように旦那さんに振るった暴力のことを淡々と話す。私の胃はどんどん痛くなって、冷や汗が出、気が遠くなってしまう。

伝わってくる苦しみ

さっきまで調子が良かったのになぜ？　と薄れゆく意識の中で必死に考えていると、目の前の奥様がドアノブを回した瞬間のイメージが浮かんできた。その瞬間に胃が痛くなった。これは、もしかして、奥さんの怒り？　奥様の怒りが脳のネットワークで伝わってきて私の胃が痛くなっているの？とひらめいた。

　この胃の痛みは私が原因ではなくて、奥さんの怒りが伝わってきているのかもしれない、と思って「この痛みほど奥さんは怒っている」と痛みに合わせて怒りのすごさを予測しながら奥様の話を聞いていたら、奥様の口から怒りが出てきたという、初めての体験をした。

「旦那さんに話をしても話がちっとも通じない！」と、どこにでもあるような話なのだが、胃の痛みから、相当、旦那さんの通じなさがあるんだろうなと思いながら聞いていると、本当に旦那さんには感情が一切伝わらず、奥さんがこれまでずっと苦しんでいたという話が初めて出てきた。

　そして旦那さんの話の通じなさを胃の痛みに合わせて聞いていたら、旦那さんの本性がどんどん暴露されていき、これまでの奥様の「旦那さんは暴力を振るっても優しく受け止めてくれるいい人」という話がガラガラと崩れていく。

　胃の痛みから奥様の怒りの強さを予測しながら聞いていくと、どんどん感情を引き出すことができていく。そして、奥様が怒りの感情を吐き出せば吐き出すほど私の胃の痛みが軽くなっていく、という不思議な体験をした。

私がこれまで感じてきた胃の痛みは、クライアントさんの心の傷と化してしまった「怒り」が脳のネットワークを通じて伝わってきたものだった！　ということがわかってしまった。

それを「自分のもの」として「胃薬を飲まなきゃ！」と飲んでしまうとその胃の痛みが自分に定着してしまう。「これは相手から伝わってきている怒りなんだ！」と思って話を聞いていくと、怒りが相手の方から表現されるようになり、私の胃の痛みが消えていった。このような体験を何度も繰り返して、脳のネットワークは本当にあると感じるようになった。

学生時代の勉強の体験から「脳のネットワークってあるのかも？」となんとなく思っていたけれど、実際に胃の苦しみで、クライアントさんのものを受けとっていたことを実感した。

さらに興味深かったのは、伝わってきたその痛みの度合いによってクライアントさんの怒りの大きさが予測できること。そして、その怒りの度合いに合わせて話を聞いていると、心の傷が発見しやすくなった。クライアントさんの感情を引き出せるようになるからである。

もっと興味深かったのは「胃が痛いときは怒り」、「腸が痛いときは不安」そして「肺が苦しいときは焦燥感」というように、自分の内臓の不快感で相手の感情の種類が予測できてしまうこと。

そしてその感情に合わせて話を聞いていると、隠れていた感情がクライアントさんから出てきてそれまでバラバラになっていた感情と記憶が統合されて、記憶にちゃんと整理されていく。

自分は仕事依存症で緊張のホルモンが切れると「身体の症状が出る」と思っていたけれど、それは違っていた。週明けにお会いする予定のクライアントさんのことを思い出した時に、クライアントさんの脳とネットワークで繋がって、心の傷によってバラバラになった感情が伝わってくるから苦しくなっていたのだ。

もしかして、不快な感覚は、脳のネットワークで伝わってくる他の人のもので、自分のものじゃないのかもしれない？　そう思ったら、自分がどんどん健康になって動けるようになってきた。

諦めかけた南の島の夢がちょっと手に届くような感覚があったが、体が楽になればなるほど南の島がどうでもよくなってしまうから不思議。

あー！　逃げたかったのは、脳のネットワークだったのね！

自分の気持ちを初めて理解してあげられたような気持ちになっていた。

人のせいにしてよいこともある

子供の頃に「エーン！」と友達に泣かされて帰ってくると、母親が「なんで泣いて帰ってくるの！」と怒鳴り声をあげる。そんな時、私は「だって○○ちゃんが僕のことを後ろから突き飛ばしたから！」

と言ったら悔しかった感情が戻ってきてしまい「ビエーン！」と涙が出てきて止まらない。

すると母親に「なんで、あんたはすぐに人のせいにするの！」と頬をバシン！　と引っ叩かれて耳がキーン！　となる。次の瞬間に痛みが襲ってきて「エーン！　ごめんなさーい！」と母親に許しを請うが「いつまでも泣いているんじゃない！」と再び叩かれる。

そんなことがボスの会議が始まる前に思い出されたのは、会議室のドアを開けようとした瞬間に胃が痛くなったから。

それまでの自分だったら「あ！　もしかしてお昼に食べた炒飯・ラーメンセットが多すぎたのかもしれない！」と自分を反省して、カバンに入っていた漢方の胃腸薬を飲んでから、苦しいお腹を抱えながら会議に参加していた。

「この胃の痛みって自分のものじゃないかも！」と母親の「人のせいにするんじゃなくて反省しなさい！」というありがたい教えを捨ててみる。

この胃の痛みは会議をしているボスの怒りかもしれないと思ったら、さらに胃が痛くなったので「おー！ボスがお怒りじゃ～！」とドアノブから手を離す。

そして、ボスの秘書に「あ！　しまった！　学会の用意をするのをすっかり忘れてた！」と演技をする。

「学会の用意」と言えばボスが怒らないのを知っていたので、あえて演技をして「すみません！　ボスによろしくお伝えください」とその場を去って近くの定食屋に歩いていく。

ボスのオフィスから離れていけばいくほど私の胃の痛みは軽くなって、やがて定食屋の前に着いたらすっかりお腹が減っていて「おじちゃん！　いつもの！」。そんなに常連じゃないのに、おじちゃんは私が入ってきたのを見計らって肉野菜定食のご飯大盛りを作り始めてくれていて「あいよ！」と答えてくれる。

肉野菜定食を炒める中華鍋の音が心地よく響いているが、「ボスの会議に参加していればよかったかな？」と、ちょっと後ろ髪を引っ張られる感覚になると胃が痛くなるから「やっぱり、やーめよ！」と調理をしているおじさんに注目を向ける。

運ばれてきた定食にはスープがついていて、いつもテーブルに置いてある大きなギャバンの胡椒をたっぷりといれてレンゲで一口飲んでみると嫌なことが頭から消え去っていく。

いつもゆっくり食べたいと思うのだが、どうしても定食が目の前にあるとあっという間に食べてしまって「あーあ！　もう終わっちゃった！」という感じになる。しかし適度な満腹感と会議に参加しなかった優越感のような感覚で満足し、お会計をして定食屋を後にする。

次の朝に職場に行くと「大嶋さん、昨日は大変だったんですから！」と前日のボスのご乱心ぶりを聞かされて「よかった～！　参加しなくて！」と思わず自分の胃に感謝をする気持ちで手のひらを当てていた。

「やっぱり、あの胃の痛みは自分のものじゃなくて、脳のネットワークでボスから怒りが飛んできたものなんだ！」と感心する。

国際学会に行って精神科医の先生と一緒に学会発表をする際に突然、腸が痛くなった。英語で発表するから緊張しているのかな？　と思ったが、この痛みは自分のじゃないのかもしれないと思って隣に座っている先生を見ると、かなり緊張している様子。先生の発表が終わると腹の痛みがなくなったから、やっぱり先生の緊張感だったということがわかる。

私の番になって、壇上に立って聞いている人を見てみたら「どうせ、この人たちは人の発表なんか聞いちゃいないだろ！」と適当にペラペラと発表している自分がいるからおもしろい。

発表が終わって、司会者が「何か質問がある方はいらっしゃいますか？」と会場に問いかけても、みんな目が点になっていて誰も手をあげない。「やっぱりこの人たちには理解できなかった！　あー！　無駄に緊張なんかしなくてよかった～！」と堂々と壇上から降りていく。

以前だったら、発表前の腸の痛みを自分のものにしてしまってトイレとお友達になり、壇上でオロオロして脂汗をかきながら発表をして、会場からのくだらない質問にうまく答えられずに撃沈していたはず。

発表後に落ち込んで「自分はダメだー」という状態が眼に浮かぶ。

「人のせいにするんじゃありません！」というありがたい教えに背いて「この痛みは先生の緊張が伝

わってきているもの」と思ってみたら、これまでの自分とはまったく違った展開を見ることができるようになっていた。

そんな学会での出来事を思い出してちょっといい気分になっていたら、突然、ボスから間違いをみんなの前で指摘された嫌なことが思い出されてきて惨めな気分が襲ってくる。

え？　なんで？　と思うのだが、これって「自分が調子に乗っていると嫌なことが起こって叩き潰される！」というパターンの繰り返し。また、これかい！　と思って、心の中で土下座をして懺悔の体制に入ろうとした時に「人のせいにするんじゃありません！」という言葉が浮かんでくる。

あれ？　もしかして、この惨めな気分って自分のじゃないの？　とふっと顔を上げて周りに座っている乗客の顔を見てみる。気の弱そうな女性がちょっと離れたところに座っていたのであの人のものかと思ってみたが、自分の中には何も感じられない。その女性の横に座って漫画を読んでいる男性に注目を向けて「あの人のもの？」と思ってみるが、やっぱり何も起きないし自分の感じている惨めさは消えないので自分の思いつきに自信が持てなくなってきた。

目の前に、大股を開いて腕組みをして周りを威圧するような態度で寝たふりをしているサラリーマンがいる。「まさか、この人が惨めさを感じているわけがないでしょ！」と最初から疑わなかったが、もしかして？　と思って、その偉そうな態度で座っているサラリーマンに注目してみると、私が感じていた惨めさがなくなってびっくり。「あれって、この人から伝わってきたものだったんだ！」とちょっと嬉しくなる。

まったく惨めさを感じている風には見えなくて、むしろ堂々としている感じなのに、中身はさっき私が感じた惨めさでいっぱいなのねと思ったら、なんだか悲しくなってきた。

人から「惨め」の感覚が伝わってきた時に「ボスに怒られた記憶」が引き出されてしまうのは、「惨め」の感覚の原因を脳が自動的に過去の記憶から「同じような感覚」を検索してしまうから。「胃が痛い」という時は「暴飲暴食かな？」と食べたものの記憶を探すのと同じように、「惨めさ」とか「怒り」が相手から伝わってきた時も自動的に自分の中の記憶のライブラリーで探してしまって、そこから芋づる式に嫌な記憶が引き出されてしまっていたのだ。

自分のじゃないんだ！　と不快感が消えた時に、ふっとイエスの物語が浮かんできた。

ある街に行く道すがら、イエスが「私の着物にさわったのは誰か？」と言った。イエスの弟子たちは「こんなに群衆があなたに押し迫っているのに、誰がさわったかとおっしゃるのですか？」と返す。弟子たちは、イエスが何をわけのわからないこと言っているんだ？　と理解を示さなかった。でも、イエスは触ったものを見つけようとして、周りにいる人たちを見回す。

そんな時にある女性が「私です！」と恐れながら名乗りをあげる。12年間も婦人科系の病気で苦しんで、治療費で財産を使い切ってしまった女性がイエスの衣にさわれば治してもらえるだろうと思ってさわってしまった。女性は自分の病気のこと、そして、衣に触れた瞬間に病気が治ったことをイエスに伝えた。

イエスは女性に「安心して行きなさい。すっかりなおって、達者でいなさい」と伝えた、そのイメージが湧いてきた。

なぜそのイメージが自分の中に湧いてきたのかわからないが、私は電車の中で上を向きながら涙をこらえていた。

事件は起きた

ボスのクリニックをお手伝いさせてもらいながら、いろんなドラマを体験することができた。

私も仲が良かった次期院長の女医さんが、もう一人の医者とともに突然診察にこなくなった。原宿の相談室スタッフで温泉旅行に行っている時にその知らせが事務長とボスの携帯電話に入ってきて「大変なことになった！」と一同が真っ青になった。

後に、その2人の医者が新しいクリニックを開設したことをクリニックの患者さんから突然知らされた。ボスが自ら診察をしなければならなくなって、事務長は激務が続いて体調が悪いボスのことを心配する。

事務長からクリニックやボスが持っている会社の問題を聞かされると私は「なんとかしなきゃ！」と焦ってしまう。私の子供の頃の苦しみが蘇ってきているような感じだった。

人のいい父親が人に利用されて搾取されて、経済的に困窮して母親が苦しむ。父親を騙して搾取している「問題の社員」のおかげで私の家はいつも貧しく、母親の体調は悪く常に悲壮感が漂っていた。人前に行くとニコニコしていて「優しそうないいお母さんですね」と言われるのだが、家では悲しそうな顔しか記憶に残っていない。そんな母親を苦しめる父親に対して怒っていたのだが、同時に「恐怖」を感じていたので私には何もできず、その怒りのエネルギーが父親の会社に向かっていて「もっと会社をちゃんとすればいいのに！」と常に父親の会社のことを考えていた。

父親が体調を崩して弱っていた時に、私は他の２つの仕事を掛け持ちしながら父親の会社を手伝っていた。父の会社で働く叔母から裏情報が流れてきて毎月の赤字額を知っていたから、「赤字をなくそう！」という営業会議を開く。もちろん子供の頃から私のことを知っている社員たちは「何を生意気なことを言っているんだ！」と馬鹿にして私の話に聞く耳を持たなかったが、それ以上に長年にわたって蓄積した私の怒りの方が強かった。

私の怒りは母を苦しめてきた社員たちに向けられ、人がいい父親ができなかった人員整理が自動的に行われていく。そして父親が「うちの会社には絶対に優秀な人材は入ってこない！」と断言していたが、200名を超える応募がきて、その中から優秀な人材が選ばれて会社全体が変わっていった。

そんな時に徐々に元気になってきた父親と「あんたはわかっていない！」と大げんかをして、会社を辞めてしまった。

事務長の話を聞いていると、ボスの会社はまさに私の父親の会社と重なってしまって「ボスの足をひっぱる社員」がうじゃうじゃいる。ボスの心配をしながら、会社のことを嘆く事務長の話を聞いていたら、私の中で再びあの怒りが燃え上がってしまった。

淡々とカウンセリングをやっていれば平和な生活が送れていたのに、あの父親の会社でやったことと同じことをボスの会社でもやってしまう。その結果は大変なことになる、ということをなんとなく知っていたのに。

これって私の心の傷の影響なのだろうか？　母親を苦しめてきた連中が許せない、という怒りが燃え盛って止まらなくなってしまう。

ボスは何もできない私を拾ってくれた。そして、事務長は他のカウンセラーたちが私を捨てて独立してしまった時も、見捨てないで私を信じて相談室をやり続けてくれた。

時代劇が子供の頃から大好きだった私は「一宿一飯の恩義」という言葉を胸に、ボスの会社に飛び込んでいく。そして、突然入ってきた私に対して「生意気な！」と、それまで働いていたカウンセラーはすべて私を嫌って辞めて独立してしまった。そこで、人材をすべて一新する。そして「ボスの心の傷の治療法」を忠実にやってくれるメンバーを探しチームを作ってボスに提供したらボスは満足してくれる、と思っていた。

ある時、事件は起きた。

新しいチームメンバーでボスの接待をしている時に、ボスが酔っ払いながら「このメンバーのあの子よりも、クリニックの患者上がりのスタッフのあいつの方が仕事ができる」と言った。

「いやボス、あの社員はものすごくがんばっています」と伝えると「いや、ダメだね！　クリニックのあのスタッフの方が仕事ができる」と断言された時に、私はなぜか涙が出てきて止まらなくなってしまう。

いや、このメンバーはボスの治療法を忠実に受け継いで行くために集まってくれた人たちで、そのメンバーがボスの治療がちゃんとできるようにと残業もつけずに終電まで資料をまとめているのを知っていたからだ。

ボスのために他のスタッフから嫌われても我慢して作ってきたチームなのに、と涙が止まらなくなり「いや、もう辞めたいです！」と思わず漏らしてしまった。

それを聞いたボスはものすごく不機嫌になり「気分が悪いから帰る」と外に出ていってしまう。

私はいつものように、ボスを送るタクシーを止めてドアを押さえてボスを車中に入れてタクシーのドアが閉まる前に「辞めさせてください！」と頭を下げた。

頭を下げたまま、タクシーは去っていった。
涙があふれ、冷たい地面へとポタポタと落ちていく。
冷たい地面は私の涙を吸収せずに、私の足元へと返してくる。

第3章　独立する

路上に放り出される

日本の会社的に言えば「あなた、ボスに謝っちゃいなよ！」となるのだと思う。自分の同僚が悪く言われたからってボスに反論するあなたがおかしい、というのはわかっていた。「大変申し訳ありませんでした」と他人だったらいくらでも言えたと思うのだが、長年の付き合いでいつの間にか私にとってボスは父親のような存在になっていた。だから素直に自分の気持ちが伝えられずに、自分の中でモヤモヤしてしまう。

嘘でもいいから謝っちゃえばいいのに、と思うのだが「ボスの前で嘘はつけない」と思っていた。それは、ボスが偉大なる父親のような存在で「ボスの中に真実がある」と信じていたから。絶対的な真実がボスの中にあるのだったら、何が正しくて何が間違っているのかをボスはちゃんとわかってくださる。

だから「私は間違っていない！」ということをわかっているに違いないから、自分がボスとの関係を良くするために謝る必要はない、と信じていた。

そんなことを考えている自分は、ボスの前で「辞めさせてください」と言ってもサラサラ辞める気はなくて「ボスと一緒に仕事を追求していきたい」と能天気になってしまう。

でも、同僚は、みんなの前で涙を流した私をみて「大嶋さん！　独立しちゃいましょうよ！」と優しく声をかけてくれる。そして、私は同僚のその言葉が本気ではないのを知っていながら「そう？　一緒に独立しちゃう？」と笑いながら空想の独立話を冗談が通じ合うスタッフと語り合うことで癒されていた。

ある時、クリニックの女医さんから「一緒に食事に行かない？」と誘われて嬉しくなる。女医さんは「なんで大嶋さんは独立しないの？」と聞いてきた。

自分はボスに拾ってもらって一宿一飯の恩義がありますから、それをきっちり返すまでは、という話をする。すると女医さんが「いや、もう、大嶋さんは十分にやっているじゃない！」と言ってくれて、私は「いや、自分はまだまだです」と答えていた。

あのクリニックの尊敬する先輩に、私がボスの下で働いていてあまりにも辛かったので愚痴を漏らした時に「大嶋さん！　最低10年だよ！　10年！」と言われていたのを思い出した。「あ！　そう言えばもうボスの下で10年ちゃんとやったんだよなー！」とちょっと自分の中で気の緩みが出てしまう。

女医さんは「あれだけクリニックでやっているんだから、独立は考えているでしょ！」と言われて「独立を考えていなきゃ、一人前の男じゃない！」というようなニュアンスを嗅ぎとって「ええ、まあ」と答えてしまう。その場はご機嫌で帰ったが、しばらくたって事件は起きた。

ボスの秘書からいつもと違う調子で電話があって、ボスのところに至急来いということだった。ボスのオフィスに行ったら、いきなり「君、もう社長業をやらなくていいから！」と言われた。

「はい？」と私はあっけにとられる。普通の相談業務に戻っていいからと言われて、私は「普段から普通の相談業務もやっていますけど」と心の中でオロオロしながらつぶやいていた。

私は、ボスに「それは私に辞めろと言っているんですか？」とワナワナとしながら聞いてみる。もちろん「違う」という言葉がボスから聞きたかったのだが、私の悪夢が現実になったようにボスは何も答えずに「あんた、クリニックで評判が悪くて、この業界で仕事できなくなるよ」と言われた。

「え？」と私はショックを受ける。

「大変申し訳ないんですが、私は問題になるようなことを何一つやっていないんですが」と伝える。ボスは、私に有無も言わせないように「事実はいくらでも作られるものなんだよ！　だから、あんたはこの業界ではやっていけないよ」と言われて「ガーン」となる。

全身に力が入らない感じになり、関節がガタガタしてくる。そこで泣いたらいいものなのか、どうなのかもわからない。

「もう明日から、会議には参加しなくていいから」と言われ、真っ青な顔をしてボスの部屋から出てくると、いつも冷静なボスの秘書が「大嶋さん、おたくのスタッフから、いつ独立するのかの問い合わせが来たんですけど、どう答えたらいいの？」と聞かれてさらに「ガーン！」となる。

心理学の学校を卒業した方は、たまに場の空気を読むのが苦手な方がいる。だから「独立ごっこ」

の話をその方に聞かせたら危ないなと思って、あえてその方がいない場で盛り上がっていたのだが「どこからその話が漏れたんだ？」と今度は怒りでプルプルしてきた。

独立する話を直接私に聞くのではなくて、ボスの秘書に電話をしてきた同僚に怒りが湧いてくる。あいつのせいで私が辞めさせられることになった、と一瞬思いそうになったが、いや、待てよ、と疑問が湧いてきた。今日同僚が電話をかけてきて、急に私を辞めさせるという話にはならないだろ、と思った時に「あ！　あの女医さんだ！」ということがわかってしまった。

「やられた〜！」

そう思ったら、なんだか笑えてきた。まんまと私は引っかかってしまったのだ。

私は、何にもないまま路上に放り投げられて、そのまま捨てられることになってしまった。みんなは、私が周到に独立の準備をしていると思っていたみたいだったが、高潔な私は「ボスの許可がなければ独立はしない」と心に固く決めていたのでまったく何も準備をしていない。

さあ、自分はこれからどうするんだろう？　と外に出た時に、まるで他人事のように考えながら、まだ昼前だった青空を眺める。冬の青い空には一筋の雲が浮かんでいた。

高潔さが嫉妬を引き寄せる

お師匠さんのオフィスは高田馬場の坂を上っていったところにあった。

私は、目黒駅近くの有名なホリプロという芸能事務所の脇を通って、権之助坂を下ってしばらく歩いていく。そして、坂を下りきって目黒川というちょっと臭いがする川の傍の建物の中に部屋を借りた。

坂を下っている時に「あー、まさに自分の人生だな」と思いながら重力に任せて一般のサラリーマンに混じって坂を下っていく。

途中に目黒雅叙園という名所もあったが、私にはまったく無縁な感じで毎日通り過ぎていく。

誰もいない寒いオフィスに着くと「さあ、今日も書くぞ」と何を書くのかはっきり定まっていないままコンピューターを開いてその前に座る。座っている椅子は、近くのリサイクル屋で３千円を２千円に値切って買ってきた折りたたみ椅子。「さあ、書くぞ」と掛け声をかけながら、自分の中で悲しい気持ちが広がっていく。理由はわかっていた。

催眠のお師匠さんが「一緒に本を出しましょう！　ガッハッハ！」と背中を叩いてくれていた。お師匠さんは「大嶋さんはまだ書籍では実績がないから、まずは自費出版から行きましょう！」と計画してくれて、お師匠さんと一緒にセミナーを開催するたびにお師匠さんの取り分を「これは大嶋さんの出版費用」とお金をプールしてくれていた。

お師匠さんは、そのお金をこのオフィスを借りるために快く出してくれた。でも、私の中ではお師匠さんと一緒に出版する夢をお師匠さんの目の前でビリビリ破り捨ててしまったような感覚があり、ものすごく心が痛かった。

あー、自分はなんてことをしてしまったんだろう、と苦しくなって「なんとか一冊書かなければ」とコンピューターの前に座るが、突然、仕事を辞めさせられた怒りなどが湧いてきてしまって、文章なんか頭に湧いてこない。

それまでは、毎日夜遅くまで仕事をやっていたから「書く時間がない！」と嘆いていた。ボスから捨てられ足蹴にされて、ここに転がり落ちた今こそ時間があるのだが、「何も浮かんでこない」まま時は過ぎ、昼飯の時間になる。

目の前は山手通りという有名ラーメン店がたくさん立ち並ぶ道路で「今日はあのラーメン屋に行こう！」とわざわざお昼の混んでいる時間に食べにいく。人ごみにまみれていれば、自分の心の中のごちゃごちゃを見ないで済むから。みんなが美味しそうに食べているラーメンは何の味もしなかった。ただ餌を食べているという感覚になっていた。食べなければますます気分が落ちてしまうから一生懸命に麺をすする。ラーメンで体が温まっても気分がちっとも晴れないのが、冬空の下で実感できてしまう。

それでも、わざわざあんな急な坂を下ってクライアントさんがやってきてくれた時には、涙が出そうに嬉しくなる。そして、カウンセリングで疲れた帰りにあの急な坂を上って帰ってもらうのが申し訳なくて、見送る時に心が痛くなっていた。

カウンセリングに来てくださるのは本当に嬉しいのだが、そこにもボスの手があった。ボスの講演会に参加したクライアントさんから「大嶋は患者上がりのスタッフよりもお前の方が下だ！　と言われて、みんなの前で泣いて辞めた！　と言ってましたよ！」と聞かされる。

私はカウンセラーなので「あ、そうですか」と平静を装う。その講演会は４００人の専門家などが集まる会だったので、「あ！　〝この業界でやっていけない〟を実践しているんだな」と思った。

たぶん、これを聞かせてくれた方は「私はそんな理由で泣いていないし、ボスは間違っている！」と否定して欲しかったのだと思う。しかし高潔な私は「ここにいない人のことを悪く言ってもなんの意味もないし、私は人の悪口を言わない」と心に決めていた。

人から伝わってきた話だし、私が直接聞いたわけではない。だからここで私が怒ったところで、目の前のクライアントさんにはなんの役にも立たない、と思って自分の仕事に専念する。

でも、家に帰って、一人で寝ている時に「ボスの奴め！」と怒りが湧いてくる。寝ようと思っても怒りが湧いてきて、どうやってボスに復讐するか？　と考えて怒りが止まらなくなってしまう。そんな汚い自分がものすごく嫌になるが、それが止められない。

　興味深かったのは、夜な夜なそんなことを考えていたら、カウンセリングに来たある方から「大嶋が襲ってくるかもしれないから、とボスが護衛をつけた」という噂話をしてきて「あはは！」と思わず笑ってしまったことだ。「え？　やっぱり脳ってつながっているの？」とびっくりする。

　私は誰にもボスの悪口を言っていなかったし、ボスからのすごい発言に対しても「あ、そうですか」と表面上は流していた。もしかしたら私の表情が尋常じゃなくなっていて「この人やばい！」ということを誰かがボスに伝えたのかな？　と思ってみたが、わざわざそんなことをしにくる人もいないか、と思って流していた。私は、しばらく我慢をしていた。

　結果的にはボスを裏切った形になったのだから何を言われても仕方がない、と諦めていた。いつかはこれが止まるだろうと思っていたが、次から次へとすごい話を聞かされて「もう、勘弁してくださいよ」となっていた。私なんかボスにとってはちっぽけな存在のはずなのになんでそこまで？　と思うようなことをボスが言っていると流されてきて「はーあ！」となっていた。そして私は夜になると怒りで眠れなくなってしまう。

　ある時、あるクライアントさんが「また、ボスがね」という話を始めそうになった時、「あのピーピー野郎の話は聞きたくないんです！」と言ったら、その方が目をパチクリした。

　私がそんな汚い言葉を使うことは想定していなかったみたいなので、私はもう一度「あのピーピーピー野郎のことは聞きたくない」とはっきり伝えた。「はあ」とその方は私の気持ちを察しボスの話をやめた。

自分でもあの言葉がとっさに出てきたのはびっくりした。なぜなら「人の悪口を言ったら地獄に落ちる」と子供の頃から聞かされていたので、まともに人に対し汚い言葉を使って怒ることができなかったからだ。

そのことがあってから、他の方からもボスからの悪口が一切入ってこなくなった。

私に対する悪口がピタリと止まって「あ！　本当に脳のネットワークってあるんだ！」とちょっと怖くなってくる。

「人の悪口は言わない」とか「人から右の頬を打たれたら左の頬を差し出しなさい」というような高潔さを持っていればいるほど周りから嫉妬される、ということはなんとなくわかっていた。でも、自分ではそれが怖くてやめられない。

それでいて、自分の頭は怒りや憎しみだらけ。表面的には高潔を演じているのに中身はドロドロの自分が嫌だったが「あれ？　あの怒りを出してから怒りのドロドロがなくなった！」と不思議になる。あ！　もしかして自分が〝高潔さ〟を捨てたから、脳のネットワークで相手が嫉妬の発作を起こすのが止まったのかも？　と仮説を立てたくなる。

検証する勇気はなかったが、それから一切周りの人からボスの話を聞かされることはなくなった。

小学校の頃にいじめられっ子に一方的に殴られていて、私は家の宗教で「人を傷つけてはならない」と教えられていたので手を出さずに泣いていたら、それを見ていた教師から「卑怯者！」と怒鳴られた。「人を傷つけてはならない」という高潔さで、周りの子供に嫉妬の発作を起こさせて破壊的な人格にさせていた。自分だけが神から救われればいいと思っていたわけではないのだが、結果的に私が高潔さを演じれば演じるほど罪人を作っている。そういうことをその当時の自分は理解できなかった。

でも、今はそれが理解できる。ありのままの自分でいい、と。

ありのままでよい！

「ありのままの自分でいい」は素敵な言葉。

でも、例えば子供から「ありのままの自分って具体的にどんな自分なの？」と聞かれたら、普通だったら答えに詰まってしまう。

「あなたのそのままでいいのよ！」とか「自分が思った通りでいいのよ！」と困った親は答えるかもしれないが、子供からすれば「それって、ただ言葉を変えただけだよね！」となってしまう。

私は、今回のボスとの一件で子供に簡単に説明がつけられるようになった。「ありのままの自分とは醜い自分のことだよ」とシンプルに伝えられる。

「醜い」って子供に教えるには過激な言葉かもしれないが、子どもの本の中にも「みにくいアヒルの子」というのがある。「ありのまま」が「みにくい」ということを子供に伝えることを考えた時に〝過激〟とか〝不適切〟としたくなるのは、みんなそれを隠して生きているからだ。

　自分の中にある醜さが暴かれてしまったら自分は人から見捨てられ嫌われて孤独になってしまう、という恐怖があるから、自分の中にある醜さをうまく隠す。そしていつの間にか自分の中には、その醜さがなかったものとなってしまう。でも、自分が忘れかけていた醜さを誰かが触れようとしたならば、自分の中の醜さが暴れ出し相手を叩きのめす。しかし、自分は自分の中の醜さを認めず忘れ去ってしまっているものだから「自分の中の醜さが相手を叩きのめした」という自覚がまったく持てない。

　何事もなかったかのように、自分の中の醜さを忘れながら人は生きていく。
たぶん、こんなことを幼稚園児に話したら「お兄さん何をわけのわからないことを言っているの？」と口を開けたまま見上げられてしまうだろう。

　幼稚園児に「醜いってわかる？」とシンプルに質問をしてみると、「う～ん？　汚いってこと？」と一見すると的外れな答えが返ってくるのだが「だったら、汚いってどんなこと？」と質問をしてみると「う○ち！」と的確な答えが返ってくるだろう。

私が子どもの頃に「アイドルはトイレに行かない」というのがあったよな～、と子どもの何気ない言葉から連想できて「アイドルは神」と崇めているファンのことが浮かんでくる。

学生時代にその現象が「神聖化」という言葉であることを教わった。人のことを神として見てしまう現象で、そんなバカなことはしないだろと思っていたが、幼稚園児の一言で「あ！　アイドルを神聖化していた！」とわかる。

「人の醜さ」は幼稚園児からしたら「う◯ち」である、という定義をした時に「あ！　私は、周りの人のことをみんな神聖化していた！」ということに気がついてしまう。

なぜなら、自分の中にあるドロドロとした憎しみや怒り、そして恨みのような醜い感情が他者の中に存在している、なんて思ってもみなかったから。

自分だけが醜くて他のみんなはどこかに美しい心を持っていると信じて疑わず、相手の懐に両手放しで飛び込んでいく。そして裏切られて痛い目にあうのだが、それでも「あの人の中には美しい心が隠れている」とあきらめないで相手が隠し持っているであろう美しさを求め続けているアホがここにいた。

そんな時に「自分以外の人間は新陳代謝をしていない」と思ってしまう病の方が、外が怖いと外出することができなくなったことを思い出す。その方のお話を聞いた時に「相当重い病だな」と思ったのは「自分以外は新陳代謝をしない」と言っていたから。

でも、私も同じだった。

自分のような醜さは誰も持っていないと心の何処かで思ってしまっていた。新陳代謝で古いものを捨て去る「う○ち」をしない、と同じこと。だから私もあの方と同じように人のことが怖かったんだ、と偉そうにしている人の前で緊張していた時のことを思い出す。イケメンとかきれいな女性の前だと緊張して話ができない、となってしまうのは「あ！　新陳代謝があるとは思っていなかったんだ！」ということがわかってしまう。

心理学の教授から「精神病院に患者は堂々と正面玄関から入ってくるけど、お前らはこそこそと裏口から入ってくるだけの違いだ！」と言われたことが現実になっていることに気がつく。

すると幼稚園児からは「ねえ！　じゃあ！　ありのままに生きるって、う○ちの話を堂々とするってこと？」とパチクリとした目をして聞かれてしまうのだろう。

アルコール依存症の旦那さんを持つ奥さんから毎週50分間ずっと「酔っ払った旦那さんのう○ち」の話をされてその時間が来るのが恐怖だった時のことを思い出して「それは違うだろ～！」と言いたくなったが、幼稚園児を否定するわけにはいかない。

幼稚園児に「自分のう○ちの話もいいけど、ほら！　みんなう○ちをするよ～！　って君の周りにいる大人たちのことを見てみてよ！」と伝えてみる。

幼い子供は、目を閉じてそのことをまるで大切なことのように聞いてくれてイメージをしてくれた。

「あの幼稚園の先生も、お巡りさんも、お医者さんも」と小さな声で呟いているのが聞こえてくる。

そして、しばらくすると「あ！　なんだか大人になったみたい！」と元気よく答えながら嬉しそうに飛び跳ねる。

「これがありのままの自分なんだ！」とその子は嬉しそうに飛び跳ねながら走り去ってしまった。

イエスが「幼子のようでなければ神の国に入ることができません」と言っていたけど、あの子だったらあんな感じでジャンプしながら楽しそうに神の国でもどこでも行けるんだろうな、と羨ましくなってくる。

そんな時に「あ！　あの子は自分なのかもしれない！」といつの間にか幼子のようになっている自分を感じた。

あの子の「ありのままの自分」は「大人になったみたい！」であったが、私は「幼子みたい！」と不思議な体験。そんな時に「大人になったみたい！」というあの無邪気な声が頭の中でこだまする。

美しさを追求したい！

ある精神科医の先生と旅行に行った時に「え？　先生、どうしちゃったの？」ということが起きた。

朝食を食べながら真面目な話をしている時に「うん、うん」と聞いていると思ったら、先生の心がどこかに行ってしまったかのようにまったく人の話を聞いていなかった。

どこに行ってしまったのだろうと、先生のぼーっとしている視線の先を見てみたら「あ！　きれいな女の方が食事をしている！」というのがわかった。

まあ、普通は「この先生はきれいな女性が好きなんだな」と思う。健康な人だったら「なんだよ！　こいつ！　人が一生懸命に話をしているのに全然違うところを見やがって！」と怒るはず。でも、その怒りの下には「自分に興味を持ってもらえない」という孤独があって、その孤独が引き金になって脳内で大量の電流が流れてビビビッと怒りが湧いてくる。

「孤独で発作」って何ですか？　とちょっとイメージしにくいが「赤ちゃん」で考えてみるとわかりやすい。

母親から抱きしめてもらいたくて「ビェ～ン！」と泣く。みんなが楽しそうにしている時に、机を「バンバンバン」と叩いてアピールしても「誰も振り向いてくれない！」となると、赤ちゃんは「孤独」をきっかけに脳内では大量の電気が「ビビビッ！」と発生して「ビェ～ン！」と泣き声をあげる。

あの泣き声をあげている状態が発作で、だんだん成長してくると発作を起こして「いじける」から「不貞腐れる」に変わって、やがて反抗期あたりになると「怒って怒鳴り散らす」や破壊的な言動をしてしまう、と移り変わっていく。大人になると能面のような顔になって無視をする、という反応になる。

育ってきた環境で発作を起こした時の反応が決まるのだが、私の場合は成長が止まってしまっているので「いじける」という感じになって「いいんだ、いいんだ、僕なんて」という惨めな気持ちになり、自分を責めるのが止まらなくなる。

そんな発作を起こしていじけて「僕の話はどうせ面白くないですよ！」というモードになった時に「あれ？　待てよ！」と思った。

学生時代に発達心理学の授業で「子供を観察してレポート20枚書いてきて」とサディスティックな教授から命令されて、小学校や保育園に子供を観察に行った。保育園で幼い子供が一人「ビエ～ン！」と発作を起こすと、連鎖的に他の子供も発作を起こして泣き始めたことがあった。そこで、脳のネットワークがあるから発作を起こした人の脳の状態を真似してしまって自分も発作を起こすんだ、ということがわかる。

そこから、ある精神科医の先生と行った旅行で私が起こした発作はこの先生からもらった発作では？と考えてみると面白くなってきた。

その先生を観察していたらおもしろいことが見えてくる。美人と呼ばれるような、容姿が端麗な異性を見ると発作を起こすことがわかってしまった。一瞬、魂が抜けたような状態になってしまって、人の話がまったく耳に入らなくなってしまう。

昔々アイドルだった女性が「結婚相手を見た時にビビビッ！　ときました」と言ったあれって発作だったんだということがわかって、先生を観察するのが面白くなってくる。

街を歩いていても、顕著に「あ！　先生の心が何処かに行ってしまった！」という瞬間、周りを探してみると先生の視線の先には美人がいる。先生はイケメンだったので「先生が発作を起こして、そして赤ちゃんの発作の連鎖のように相手の女性が発作を起こしたら〝恋に落ちた〟となるんだろうな」と観察をしていた。

先生は既婚者だから、とか精神科医だから、というのは私にとってまったく関係のないこと。なぜなら私自身が「ありのままの自分」でいいから。

そのイケメン精神科医の先生を見ていても、神聖化して「何でそんなことをするんですか！」と怒っていない自分がいる。神聖化すると完璧を求めてしまって、何で女性に対してそんな反応をするんですか！　と軽蔑したり怒りが出てしまうが、神聖化しないでいると「ありのままの自分」でいられる。「ありのままの自分」でいた時にふと気がついた。

高校を卒業する時にアメリカに行く理由を「美学」を勉強するため、と教師に伝えたのは建前のつもりだったが、いろんな仕事を続けているうちに「やっぱり自分は美しさを追求したい」と思うようになっていた。カウンセリングの仕事で、クライアントさんが「ありのままの自分」になった時に、心から美しいと思えるからだ。

同僚と一緒に食事に行ってたまに熱く仕事のことを語る時につい「美しさを追求したい！」と言ってしまったりすることがあったぐらいだった。それを言うたびに私の心の中にそれが響いて「美しさを追求したい！」がいつの間にか私の仕事の目標になっていた。

「美しさを追求したい！」と思っているのに、なぜ私はこの先生のように美人に注目し続けることができないんだろう？　と不思議になる。先生が見ている女性よりも、先生自身の中に私は美しさを感じていた。「イケメンだから美しさを感じていた？」とか「その先生が美人を見て起こした発作に美しさを感じていた？」と専門家だったら分析するのかもしれない。先生がそのような反応を起こすことで発生する奥さんの苦悩をそこに見る。それでも発作を起こすことが止まらず苦しみ続ける先生の姿もそこに見えてきてしまう。

医師だから子供の頃から頭が良くて、そしてイケメンだからチヤホヤされてきたはずなのに、発作を起こすことがコントロールできないのは「孤独」だから。一般的に考えたら、医学部に入れてもらえる経済力がある家に育って、知能も高くて、そしてイケメンだったら「孤独」なんて感じないんじゃない？　となる。でも「ありのままの自分」でその先生を見ると、「お金」「知能」そして「外見」しか見てもらえない苦しみが伝わってくる。外見ばかり見られてしまうので、その先生の「苦しみ」「痛み」「怒り」そして「孤独」などは誰にもわかってもらえない、究極の「孤独」がそこにある。

有名な言葉で「人はうわべを見るが、神は心を見る」というのがある。

まさに人はうわべしか見ないから、誰にもその先生の痛みや苦しみを共感してもらえない。共感とは苦しみや痛みを一緒に自分のもののように感じてもらうこと。「誰にも」というのは親でさえも。うわべがきれいな人を見て発作を起こすのは、その女性の中にうわべだけの自分の孤独を見ているから。

女性の「うわべだけ見られて、誰からもその孤独をわかってもらえない孤独」にその先生は自動的に触れてしまって、赤ちゃんのように「うわ～ん！」と脳内で発作を起こしてしまう。

学生の頃に赤ちゃんを観察していて、赤ちゃんが発作を起こしたら連鎖的に他の子達も発作を起こしたのは「発作で発作を打ち消そうとしている」というのが見てとれた。それを教授に報告したら「それはあなたの勝手な思い込みでしょ！」と赤を入れられてしまった。

でも発作を起こしている子供がいたら「泣いているのは一人じゃないよ！」と他の子達も発作を起こしてそこに混ざって泣くことで、いつの間にか最初に泣いていた子が泣き止んで、そして連鎖的に発作を起こして泣いていた子もスヤスヤと眠りにつく。そこに美しさを感じていた。

「ありのままの自分」で見てみると、あの先生が発作を起こす理由は「もしかしたらうわべだけ見られて孤独な人たちの発作を癒すためのものなのかもしれない」とそこにある美しさを感じる。

こんな話を一緒に旅行に行っていた同僚に話したら「あれは、ただの浮気者で女ったらしだと思っていました！」と驚かれた。同僚から「どうやったら私もその美しさを見ることができます？」と聞かれたが、「どうやって」という方法がわからなかったし、美しさを見ようと努力したわけじゃないので、答えに困る。

「ありのままの自分」で見たら、という説明をしたかったが、その説明の時間が無粋に思えて「うーん」と腕を組み催眠のお師匠さんがいつも考えたふりをする時のポーズをとってみた。

　すると、「相手の美しさを見極める」と唱えてから相手を見てみると見えるかもしれない、と浮かんできた。

　そんな時に、これってお師匠さんから催眠のスクリプトで入れられていたことじゃないか？　と疑い始めた。

本当の私を探して

　たまたま他の相談室の助っ人に入った時に「娘の非行問題で相談をしたい」という女性を担当することになった。女性の娘は少年鑑別所に入っており、娘を引きとった父親と養母が虐待をした結果、鑑別所に入るような状況になったので、女性が引きとることになったのだが、娘は自分を捨てた母親を恨んでおり「どのように接したらいいのかわからない」という相談内容だった。

鑑別所に面会に行くたびに、娘は女性に罵倒を浴びせるので「自分が娘を引きとるのは無理」と思うのだが、娘が「虐待をされている」という元の夫婦のもとに戻すこともできない。出所までの２ヶ月間でなんとか娘との関係を修復して家に迎えられるようにして欲しい、と女性の要望ははっきりしたものだった。

私は対応方法を伝えるとともに、女性の過去の心の傷を探して治療することをお勧めした。女性はものすごく躊躇われたが「娘との関係が修復できるのなら」と過去の心の傷の話をしてくれた。

女性の歳の離れた兄は中学で引きこもりになって、家で暴れて手がつけられない状態であった。そこで、両親は女性を兄への生贄として差し出して兄の暴力を鎮めていた。兄が娘に対してどんな虐待をしているのか、両親は見て見ぬ振りをして娘を差し出し続けて、やがて兄は家から外に出られるようになっていった。

その話を聞いて、胸が張り裂けるような感覚になった。兄が暴れるからあなたが慰めに行きなさい、と差し出す両親の中に愛が全く感じられない。その両親の愛のなさに怒りを感じるのではなくて、愛が全くない空虚な状態でこれまで育ってきた女性の痛みを胸に感じていた。胸が張り裂けそうな悲しみ。そんな体験をしてきた女性に「どんな娘さんでも暖かく受け止めてあげて愛してあげてください」と言えるわけがない。「そんなアホなことを言わなくてよかった〜」と胸を撫で下ろしていた。

その体験を女性は過去のこととして淡々と語る。そこには「悲しい」とか「苦しい」という感情が全くない。普通だったらその状態を見て「この人は嘘を言っているのでは？」とか「過去のことだから自分の中で処理されたんだろう」などと判断してしまうのかもしれない。でも、私の胸は確実に張り裂けそうな痛みを感じていたので「これが本物の心の傷だ」となる。本物の心の傷は、実際の記憶がなくなったり、感情の記憶が失われてしまったりする。

その当時の私には、この心の傷を処理する治療法を持っていなかった。何度も心の傷の体験を繰り返し語ってもらって、失われた感情を引き出すしか方法はない。それでは娘が退所してくるのに間に合わない。そんな時に、催眠のお師匠さんのセッションのことが思い出された。

お師匠さんが心に傷を負った女性のカウンセリングをしている時に「心よ、私のことを真面目に真剣に助けておくれ」と声をかけていた。もしかして、あれが使えるかも？　と思って、女性に目を軽く閉じてもらって「心よ！　私のことを真面目に真剣に助けておくれ」と心に向けて声をかけてもらった。すると次の瞬間に女性の目から涙が溢れてきた。

さっきまで人ごとのように淡々と語っていた女性が「心よ！　助けておくれ」と声をかけただけで、涙を流されていた。その時「あれ？　なんでミラーワークで過去の自分を癒すという手法を思いつかなかったんだろう？」と自分でも不思議に思った。頭からその方法がすっかり抜けていて、いきなり催眠の導入もすっ飛ばして「心よ！」と声をかけてもらっていた。

でも、女性が泣きながら「痛い！　痛い！」と心の傷の痛みを訴える姿を見ていると、もしかしてこれでよかったのかもしれない、と思えた。それからしばらくして、女性がカウンセリングにきた時に「私、変なんです」と言った。まあ、これだけ大変な心の傷があれば「変」と思われてもおかしくないですね、と言った。すると女性は「違うんです、頭の中に変な人が出てくるんです！」とものすごく混乱した様子だった。頭の中に変な人が出てくるのは私の得意分野だった。

「ほう、どんな人が頭の中に出てくるんですか？」と尋ねると「父親から毒まんじゅうを食べさせられた人です」と教えてくれたので「え？」となった。なぜなら、私の中で父親から毒まんじゅうを食べさせられて死ななかった人物はただ一人しかいなかったから。その方はとっくの昔にお亡くなりになっていて、一般の方は知らないはず。

女性は私が目をぱちくりさせているのを見て「あの、その方はヒョウと一晩過ごしたことがあって、大嶋さんが知っている、とおっしゃっていました」と言われて、鳥肌が立った。それって、インドのサンダー・シングさんじゃないですか！　と私は叫んで立ちあがりそうになった。カウンセリングの時に、いろいろ不思議な現象に出会うことはたくさん経験してきたので「何がきても驚かない」と思っていたけど、サンダー・シングが出てきてしまったら驚かずにはいられない。サンダー・シングはインドのキリスト教徒で、牧師だったおじいさんが大ファンで日曜日の説教の時に何度も話を聞かされていたから、私もいつのまにかファンになっていた。女性は、キリスト教に興味があったのかわからないが、私がこれまで立派なクリスチャンという方にサンダー・シングって知ってます？　と質問しても知っている人はいなかった。「すごいな～。こんなことってあるんだ！」と興奮が覚めない。

サンダー・シングが女性の心の中で教えてくれたことは、私がおじいさんから聞いた話そのものだった。「うわ！　本物かもしれない！」と思ったが、私はカウンセラーだから、個人的興味で話を聞き出すことができない。催眠のお師匠さんと同じように、その心の声の人は娘さんとの関係をどうしたらいい、とおっしゃってますか？　と質問する。すると女性は「すべて委ねて待ちなさい、心配する必要はない」と言っている、と答えた。もしかして、女性がサンダー・シングの書いた本を読んで答えを作っているのかもしれない、と疑いたくなったが、どう考えてもサンダー・シングが答えそうな答え。そして、結果はその通りになった。何も心配する必要がなく、出所した娘との関係は修復されていき、不可能だと思ったことが目の前で起こった。「催眠ってすごいな！」と驚きを隠せなかった。女性も、娘も、あんな大変な心の傷を抱えていたのに、全く違うストーリーに変わってしまった。

第4章　心と出会う

「心よ！」との出会い

しばらくして、あの娘さんとの関係が修復された女性が「腕が痛いんですけど」と来室した。「心の傷が影響しているのかな？」と思った。兄からの虐待の傷が残っているから「腕が痛い」のかと思ったが、そうではなかった。あのサンダー・シングは、たまに女性の頭の中に登場するのだが、腕が痛くなって腕が自動的に動く、という現象が起きていた。自分の意思に反して勝手に動く「エイリアンハンド」という症状かと思ったが、女性が「あの、これなんです」ときれいな字で書かれたたくさんの文章を私に渡した。

その内容を読んでみると「え？　これって聖書の内容と似ているよね」と女性が何を書き写したのか知りたくなった。なぜなら、私が知っている聖書の詩篇とものすごく似ており、これまで読んだことがない新しくて美しい内容だったから。「これどこから写したのですか？」と尋ねてみると、女性は躊躇しながら「いや、実は、手が勝手に動いてこれを書いていたの」と言う。昔からキリスト教の教会で「外国語を話したことがない信者さんが突然外国語で説教を始めた」とか「神の言葉を語り始めた」などの話を聞いたことがあるが、私はそんなに興味がなかった。「そんなのインチキだ！」とか「病気の人がそうなってんじゃないの？」という否定的な見方をしているわけではなくて、そんなこともありえるかもしれないけど「だから何？」という感じだった。昔、テレビ番組でビックリ人間、という人たちが出ていたけど、私の中ではそれと同じ扱いであって「へー！」という感じだけだった。

「これって、神から直接メッセージを受けていて、それを私は嫉妬してしまっているから冷めているの？」と疑ってみた。それもあり得るかもしれないけど、今、目の前の女性が「手が勝手に動いて変なことを書いて困っている」となっている。その内容がどうとか、仕組みがどういう風になっているのか？　というよりも「どうやって女性の悩みを一緒に解決するのか？」が優先される。女性が訴えている「腕の痛み」と「わけのわからないことを自分の意思とは関係なく自動的に書いてしまう」という問題を何とかする必要があった。女性は「自分の頭がおかしくなってしまったのでは？」と不安に思っていた。

　毒饅頭を親から盛られたインド人が頭の中に出てきただけでも「頭がおかしくなったのでは？」と思うだろうし、さらに「自動書記」まで始まってしまえば「私に何が起きてるの！」となるのはわかる。

「これって聖書と同じ内容だし、インドの宣教師も頭の中に出てきているから、なんか意味があるのでは？」とはカウンセラーの性質上、本人に伝えることができない。なぜなら、それは私の思い込みの世界だから。客観的にも見てくれる人で「この人の頭がおかしいわけではない」と判断してくれる人が必要なのかもしれないと思った。精神科に行けば「はい！　妄想のお薬を処方しておきますね！」

となるのは明らかだった。「手が痛んで勝手に動く」そして「手が勝手に文章を書いてしまう」と訴えたら、内容に関係なく「お病気です！」と判断されてしまう。

　自動的に書いてしまった内容を見て「これはすごいことです、頭がおかしいんじゃない！」と太鼓判を押してくれるのは宗教関係の人かも、と思って、私は大学時代の知り合いの牧師さんを紹介しようと思った。ものすごく真面目で優しい牧師さんなので、「あの牧師さんだったら大丈夫だ！」という確信があった。それでも、女性は牧師さんに文章を見てもらった後でも「腕の痛みが止まりません」と私に訴えてきた。牧師さんには「自分がこれを読んでも何も判断することはできません」と言われてしまったという。まあ、後々考えてみたら「そりゃそうだよね」と思う。なぜなら、立派な牧師さんは「聖書の言葉を大切にする」という訓練を受けている。だから「聖書の言葉に似ている」というだけで「神からおりてきているかもしれない」と判定はできない。自分の浅はかさに呆れてしまった。結局、女性は、聖書のような文章を自動書記で書き続けて、誰からも「あなたの頭はおかしくないですよ」とお墨付きをもらわなくても、なぜか、どんどん自由になっていった。

　女性が自動的に書くあの文章が、女性を癒し続けたのか？　それはわからないけど、ただ、心の中から湧いてくる文章を書き続けることで女性はどんどんしがらみから解放されて自由になり、そして美しく輝くようになった。立派な精神科医も宗教家も癒すことはできなかったのに、「心よ！」で変わってしまった。

その姿を見た時に「真実って人の中にあるのでなく、心の中にあるのかもしれない！」と浮かんできた。自分の頭の中には答えはない。女性の大変な状況を解決する方法は全く思いつかなかった。でも、女性が「心よ！」と聞いた時から、〝こと〟が始まった。もしかして、お師匠さんが使っていた「心に聞く」という手法は、ものすごい力を秘めているのかもしれない、と興味を持つようになっていた。

誰も言えないことを心が言う

「心に聞く」という手法は便利だった。もともとは、催眠のお師匠さんが使っていた「観念運動応答法」という催眠の技法が元になっている。催眠の観念運動応答法は、治療者が催眠状態のクライアントの無意識に質問し、クライアントの無意識は、体の動きを使って応える、というもの。私も体験した。「あなたは男性ですか？」と聞かれた時、私の意思とは関係なく「あ！　右の人差し指が動いた！」となった。ＹＥＳの反応が右手の人差し指である、と教えてもらえた。そして「あなたは女性ですか？」と質問をすると、左手の薬指がピクッと反応する。そこで左手の薬指が動いたら無意識がＮＯ

と教えてくれている、ということがわかる。そして、治療者が事前に話し合った質問を無意識にかけていく。

「私は本を出版できるようになりますか？」と質問すると私の意識とは関係なく、右手の人差し指がピクッと動いて「おー！　いつか出版できるようになるんだ！」と教えてくれる。催眠はおもしろい技法だなと思って、実際にカウンセリングの場面でも同意を得て使ってみたことがあるが、時間がかかるのでクライアントさんに申し訳ない気がしてしまう。たぶん、催眠にかかること自体で無意識が働いて意味があることなのだろうけど50分の面接が「無意識に聞く」だけで終わってしまう。催眠に入れる段階で時間がかかってしまって「私は催眠が苦手かも！」と思った精神科医のフロイトの気持ちがわかった気がした。催眠で無意識の状態に導くまで時間がかかるので「え～い！　もっと早くやれる方法は？」ということで、「心よ！」と質問の初めにつければ、それで無意識が応えてくれる、というい加減なことを始めてしまった。

「そりゃダメでしょ！」と怒られるかもしれないが、フロイトも催眠が苦手で言葉の刺激で心に浮かぶままの自由な連想をしていく、という「自由連想法」なるものを使っていた。私の場合は催眠の導入に時間がかかるから、その手順をすべて省いて「心よ！」という言葉で無意識を起動させて、心に浮かんできた言葉やイメージを無意識からのメッセージとしてありがたく受けとってみる、ということを試みていたのだ。

　ある女性が「家事をしていると突然呼吸が苦しくてパニックになってしまう」と来室した。話を聞いてみると「二世帯住宅の上の階にいる母親に対するストレス」が浮上してきた。母親は毎日のように自分のところに顔を出すように要求し、女性に愚痴を垂れ流す。さらに、女性の行きつけの美容院やレストランにも母親は出没して、美容師さんやレストランのオーナーに娘への不満を垂れ流す。女性が美容室に行くと「お母様がこんなことをおっしゃってましたよ」と教えてくれて、女性はワナワナと手を震わせていた。レストランでもオーナーから「この前お母様がこられて、あんなことをおっしゃってましたよ」と聞かされて、胃が痛くなっていた。そんなある日、家事をしていると母親が階段を降りてくる音が聞こえてきた瞬間、呼吸が苦しくなり「死んでしまうかも」とパニックになってしまった。それから、家事をしているとパニックになるのでは？　という不安が襲ってきて、家事がまともにできなくなってしまった、という問題が起きていた。

　女性の母親は女性が学生時代からこんな調子で女性の人間関係を破壊してきた。結婚してからも子育てのことに口を出してきて、女性の子供にも愚痴をこぼして悪口を吹き込んでいて「もう、お母さん勘弁してよー」と思うのだが、それをはっきり伝えることができなかった。普通のカウンセリングだったら「パニックの症状がなくなるまでお母様には関わらないでください」と伝えるのだが、学生時代から母親に人間関係を壊されても、二世帯住宅に同居してしまうぐらい母親の影響力が強い、ということを考えると「関わらないのは無理」と言われることが目に見えていた。

そこで「心よ！」のテクニックを使ってみようと思い立った。いいアイディアが全く浮かばないから「催眠療法」に逃げた、とも言えるのだが、心がどんな答えを教えてくれるのかに興味があった。女性には「じゃあ、この状態を心に聞いてみましょう」と当たり前のことのように言う。「心って何？」とか「どうやって心に聞くの？」という疑問が湧いてきそうだが、カウンセラーから「一緒に心に聞いてみましょう」と言われると「心」というキーワードだけで催眠状態に入るのかもしれない。

催眠のお師匠さんのように「心よ！　私のことを真面目に真剣に助けておくれ」と女性に心の中で唱えてもらう。そして「心よ！　このパニックは何が原因で起きているの？」と女性に心に向かって質問をしてもらうと、女性の中に「母親が原因だよ」という答えが浮かんできた。

女性は「これって私が考えていることですよね」と私に確認したが、私は「それは心が教えてくれていることです」と伝えた。女性は「これって自問自答みたい」と鋭いことを言う。確かにそうかもしれない、と思いながら質問を続ける。

「心よ！　母親が原因だったら、どのように対処をしたらよろしいのでしょうか？」と質問してもらう。すると心は「母親とは関わらなくていい」とわかり切ったことを教えてくれる。だから、それができないから困っているんじゃない、と思って「心よ！　どうやって関わらないようにするの？」と答えを求める。すると女性は「え？　母親のところに行くのを止めればいい」と浮かんできました、とちょっとびっくりしていた。なぜなら、それが長年できなかったから。どんなに母親に対してムカついても、母親から呼び出されたら必ず答えてしまっていた。

「心よ！　どうやって母親のところに行くのを止めればいい？」と聞いたところ「パニックの専門家からしばらくお母さんとは距離をあけなさい、と言われたと伝えればいい」と教えてくれる。この時に私はちょっと焦ってしまった。なぜなら、カウンセラーの役割を女性の心に奪われてしまった気がしたから。その手があったか！　と心が教えてくれたアイディアを思いつかなかった自分が情けなくも感じたが、心ってなんなんだ？　とますます興味が湧いてきた。

そこでちょっと心に意地悪な質問をしてみることにした。

「心よ！　母親から電話があったらどうしたらいいの？」と聞くと、女性の心はきっぱりと「どんなことがあってもとる必要はない」と言った。もし、これを女性が考えて言っているのだとしたら、こんなに長年苦しむ必要はなかったと思う。女性は「心がそうおっしゃるのだったら」という感じで、心が教えてくれたことをすべて実行し始めた。

すると、案の定、母親が「心臓が苦しいから病院に連れて行ってほしい」と孫経由で女性に連絡をしてきた。女性はその時に「どうしたらいいの？」と戸惑ったが「心はなんて言ってますか？」と尋ねてみると、やっぱりきっぱりと「関わる必要はない」と言っています、と。私は「本当かよ！」とびっくりした。なぜなら、常識では「親を大切にしなさい！」というのがあって「親が困っている時に関わらないのはダメ」という良心のようなものが必ず働いてしまうから。カウンセラーとしても「どんな時でもお母様とは関わらないでください」と自信を持って言えない。というのは「もしものことがあったときの責任問題」を考えてしまうから。だから、心が教えてくれることは人間業じゃないな、と感心してしまう。

実際に母親に関わらないで放置していると「あれ？　おばあちゃん元気そうに美容院で話していたよ！」と子供が教えてくれる。女性は母親から離れることで症状が改善していき、家事も趣味のゴルフも楽しめるように回復していった。

女性は、母親のことが気になると「心よ！　関わってあげたほうがいいの？」と確認するのだが「あり得ない」とか「必要ない」ときっぱり言ってくれるので、迷いがなくなり、いつの間かパニックの症状は過去のものとなっていった。

心が見せてくれる未知なる世界

ある女性は父親から虐待をされて、母親はそれを見て見ぬふりをしていた。そんな記憶はすっかり抜けていたが、「突然、怒りが湧いてきて苦しい！」となっていた。女性の怒りの元がなんなのか、いろんな治療者が引き出そうとしたが、心の傷を引き出すことはできずに女性の苦しみは増していった。そんな時に「心に聞く」をやった。

「心よ！　この怒りの原因を私は知ることができる？」と女性に質問をしてもらった。すると、女性の中から「いいですよ！」という答えが浮かんでくる。そこで「心よ！　それでは怒りの原因になっているものを見せて！」とお願いしてみた。すると、女性の中で、スカートを履いた女の子の上に父親が覆いかぶさっている。そして、遠くでは母親が汚いものを見るような目で見ている、という場面が浮かんできて「ギャー！　やめてー！」と叫び声を上げた。それを心から見せられた瞬間に女性の封印されていた記憶が蘇ってしまった。

　これと同じような体験は、催眠療法を使った時に体験したことがあった。催眠で過去の記憶を引き出すと、虐待の記憶が蘇って、女性が苦しみ出して大変なことになった。その時は「心に聞く」ができなかったが、今はそれができる。そこで心に「この父親と母親からの虐待の心の傷に対してどうしたらいいでしょうか？」と泣き叫ぶ女性の心に聞いてもらった。すると女性の中から「何もする必要はない」という答えが返ってきた。

「え？　何もする必要がないって、こんなに苦しんでいるのに？」と思って「心よ！　何もする必要がないとはどういうことですか？」と質問をしてみる。すると心は「ただそれを眺めていればいい」と言った。女性がそのまま眺めていると苦しみは次第に静かになっていき、過去の状況を冷静に思い出すことができるようになっていた。

学生時代に教授から「過誤記憶」の説明をしつこいほど受けたことを思い出す。アメリカでカウンセリングを受けていた女性が「父親から性的な虐待を受けていた」という記憶が出てきた、と思ったら、実はそれは間違った記憶だった、という事件があった。だから、「虐待の記憶が出てきた！」となっても慎重に扱わなければならない、と何度も言っていた教授の真剣な顔が思い出される。「失われていた記憶が蘇ってきた」となっても、カウンセラーは話し半分で聞かなければいけない、というルールがあった。それが事実かもしれないし、過誤記憶の可能性もあるからだ。どちらにしても心の傷の場合は「記憶と感情の統合」が必要になる。

失われた記憶には感情がない。感情と状況記憶がバラバラになってしまうと、記憶が脳の中で整理されなくて、心の傷がいつまでもその人のことを苦しめることになる。その女性の場合は「虐待する父親に対する怒り」が「父親からの虐待」と「怒り」とでバラバラになってしまった。本来はその場面の父に向かうはずの怒りが記憶として整理されずに、何十年も女性の頭にフレッシュなまま残っていて、電車の中などで突然、怒りが蘇って「この野郎！」と目の前の人に蹴りを入れたくなってしまう。

「この怒りは父親から虐待された場面の怒りなんだ」と状況記憶として統合された時に「わけがわからない怒り」が消えていく、という仕組みになっている。だから、本来は何度も場面を思い出して、繰り返し「父親の虐待ムカつく！」とカウンセリングの中で怒りを出す必要がある。

今回もそれをやるのかな？　と思っていたら、女性は「大嶋さん、私の心が両親をここに呼んで怒りをぶつけろ、と言っているんですけど」と言った。実際、心の傷の記憶を何度もカウンセリングの中で思い出して怒りを出して、そしてある程度記憶として整理することができた時点で「両親を呼ぶ」ことは以前もやったことがあった。それなのに今回はいきなりですか？　とちょっと不安になったが「心がおっしゃるのでしたら」と、女性の両親を呼んで家族カウンセリングを行うことになった。

家族カウンセリングはものすごい緊張感の中で行われた。女性が自分が父親からされたこと、そして母親が見て見ぬふりをしていたことを泣きながら伝えた。カウンセラーの立場としては過誤記憶のことも考えながら中立的でいなければならない。でも、母親の口から「過去のことなんてどうでもいいじゃない！」「そんなことをいつまでも言っているから病気が良くならないんじゃない」が出てきた。

これまでもこんなケースはたくさん見てきたはずなのに、私の中で「親は子供を愛するもの」という常識がガラガラと音を立てて崩れてしまった。父親は「そうだ！　そんなことをいつまでも言っているからお前はダメなんだ」と女性を責める。女性は泣きながら両親に怒りを吐き出す。この時、私は「心は私に何を見せてくれているんだろう？」と疑問に思った。

女性は何十年もこのことで苦しみもがき続けて、普通の女性だったら得られる幸せをすべて失ってしまっていた。それでも私は、カウンセリングの終了時間が来ると、女性の両親に対して「娘さんの治療にご協力いただき、ありがとうございました」と頭を下げなければいけない。再び、女性が両親に対して怒りを吐き出さなければいけない時が来るかもしれないから。けれども、次のカウンセリングの時に、女性の心はおもしろいことを教えてくれた。

偽りの神（支配者）に気づく

「心に聞く」は基本的に催眠のお師匠さんから教わった催眠療法の応用だった。でも、虐待されてきた方が心に聞いたら「インドの有名なキリスト教徒が出てきちゃった！」となって驚いた。学生時代から「脳にはネットワークがあって、注目を向けた人とつながる」という仮説を持っていたので、催眠状態だと時空を超えてインドでも過去の人であっても脳のネットワークは繋がるのかもしれないな、と考えていた。

学生時代に考えていた「脳のネットワーク」が、ここにきて「本当にあるかも」と思えてきておもしろいことになってきた。

家族カウンセリング後、女性と両親の関係はいろいろ予測はできたが、どの展開も困難を極めるものだった。なぜなら、両親に対して怒りを吐き出しても、両親はそれを受け止める様子がなく、返って女性を傷つけるような発言を繰り返していたから。

心理学のセオリーとしては、親に虐待に対する怒りをぶつけた時に、それを受け止めてもらって、親が過去を悔いて改めることを何度も繰り返してもらった時に「自分の怒りの感情を共感してもらった」という体験になる。自分の怒りの感情をちゃんと受け止めてもらって「それは怒るよね」と共感してもらった時に、怒りは打ち消されて過去の心の傷の記憶と統合して、記憶として整理される。記憶として整理されることで、過去の嫌なことを突然思い出したり、その時の感覚が襲ってくるフラッシュバックが起きなくなる。

女性の場合、怒りは全く受け止めてももらえず、共感も全くと言っていいほどなかった。記憶として整理されないのであれば「むかつく！」と虐待に対する怒りが電車の中でもどこでも襲ってきて、乗客に飛び蹴りをしたくなるような衝動は当面治らないはず、と思っていて「治療には時間がかかるな～」と考えていた。ところが、女性の顔はスッキリしていて、以前のような心の傷を負った人特有の「感覚が麻痺している表情」はそこにはなかった。

「あれ？　どうしちゃったの？　もしかして、あの家族面接が効果あったのか」と疑ってみたが、それは違っていた。あの後に女性の心がいろんなことを教えてくれた、というのである。そう、女性は、カウンセリングの中だけではなくて、自宅でも電車の中でもずっと「心よ！」と心に聞いて対話をしていた。そんな心が「あの父親と母親は支配者である」と教えてくれた、と言った。

「え？　支配者ってなんのこと？」と知らないフリをしたけど、本当は知っていた。私はキリスト教の家庭で育っていたから「支配者」という存在が、キリスト教の偽りの神を演じるサタンである、とはわかっていた。キリスト教の中では「サタン」に誘惑されてしまう人間という感じになっていて「悪霊に取り憑かれる」というイメージだった。ところが女性は「悪霊に取り憑かれて悪いことをやるんじゃなくて、支配者は生まれつき支配者である、と心が教えてくれた」とすごいことを言う。

もし、心が教えてくれた通りのことを真に受けると「支配者」は人間の形をして生まれ育って、この人間社会に紛れ込んで人を支配していることになる。「いやいや、人が支配者に取り憑かれているんじゃないの？」と女性に聞いてみた。すると「大嶋さんがそのような疑問を言うって心が言っていて、大嶋さんにイエスが弟子に〝サタン、引き下がれ〟と言ったのは知っているでしょ、と伝えなさい」と言われていた。確かにイエスは、あの弟子に「サタン、引き下がれ」って言ったよな〜。それってこれまで疑問に思ったことはなかったけど、確かにイエスがあの場面であれを弟子に言うのはおかしいよな、と私の中のパズルのピースがはまりだした。

「支配者」という存在があったから、これまでキリスト教の教会に矛盾を感じてしまったんだ、と私の中にあった矛盾がすべてクリアになってしまった。「人は生まれつき善である」という性善説と「人の性は悪である」という性悪説がある。私はキリスト教で育ったので「人は神のかたちに作られた」とキリスト教の本に書いてあるので「神と同じかたち」ということで「性善説」を信じていた。それで、これまで苦労してきた。人を善と信じて関わることで、人からもの凄く傷つけられ、心を引き裂かれる思いを何度もしてきた。「それって私がおかしいから。間違っているから」と思うのは「みんな同じ善である」と思っていたから。「神と同じかたち」ということだったら「偽りの神」を演じる支配者も「神と同じかたち」であるから矛盾はしないことになる。私は、ずっと「神」は人を罪に定めて、罰して、そして悔い改めさせて、神の意思に従わせるもの、と思っていたから。

大学時代にキリスト教の授業をとっていて「神の愛は無条件の愛」という教えにすごく違和感があったが、私が罪深い人間だから理解できないだけなのだろう、と考えていた。キリスト教の教えを無条件で信じることが大切である、と思っていたので「罪を裁く神」と「無条件の愛の神」は別物である、という解釈をしていた。女性の心が教えてくれた支配者についての話によると「別物である」という解釈は間違っていなかったことになる。

同じ人間に見える「偽りの神」が私を罪に定めて罰を与えて、そして偽りの神に従うように支配してきた。これまで「なんでこの人と一緒にいると、自分のダメさを突きつけられて罪悪感でいっぱいになるんだろう?」と感じていた人がたくさんいた。でも、どの相手も立派な方々だったので「私がおかしいんだ」と思って、ずっと自分の罪深さ、愚かさを悔い改めようと努力していたが、どうやっても無理だった。なぜなら、相手から許されることがなくて、常に罪を指摘されてしまうから。何年経っても、その人たちに指摘された罪は消えずに、突然「過去の失敗」や「過去の罪」が襲ってくるのは自分がちゃんと罪を悔い改めない罪人だからと思っていた。その相手が「支配者」であったら、すべての辻褄が合う。

　私は、ずっと支配者に罪に定められて「お前は間違っている」と悔い改めさせられて、そこから心を入れ替えて正しい方向へ進もうと思っても進むことができなかった。それは「支配者」が存在するのは「人を支配するのが目的」だから。

　その女性の父親も母親も「神」とは思えない行為をやっているので「偽りの神？」というのはピンとこないが、女性の心は「男性である父親を誘惑してしまうような罪深い娘を支配者である父親が罰して浄めている」と教えてくれた。娘に性的な行為をすること自体は罪であり犯罪じゃないか？　と常識的に考えればそうなるのだが、支配者は「父親をも誘惑する罪」を作っていて、母親の冷たい視線がそれを確実なものとしていた。そして、女性は「父親と母親からの虐待に対して怒っている」と思っていたけど、その怒り自体が「性的行為を求めている怒り」と怒ること自体が父親に対する執着に変えられてしまって女性の心はずっと支配され続けていた、という仕組みを女性の心が教えてくれた。

　カウンセラーの立場だから「どんな話でも半分、半分」で聞かなければならない。でも、心からこの仕組みを聞く前の女性と、この仕組みを知った後の女性は全く違った存在になった。女性は、それまでのすべての執着から切り離されて、怒りからも不安からも自由になって、精神科医療やカウンセリングなどが一切必要ない存在へと変わってしまった。精神的にものすごく安定して、語っていることに一切矛盾がない。心が語ることはすごいと思った。

あなたも支配者ですか？

「支配者」という存在を教えてもらってしばらくしてから、他の「父親から虐待された女性」が突然、カウンセリング中に「大嶋先生、支配者ってなんですか？」と質問をしてきたのでびっくりした。その女性も自宅で一人「心に聞く」をやっていて、心が「父親は祖母に支配されてあなたに虐待をして、娘を犯す罪人として支配されている」と教えてくれた、と言った。そして、その祖母が支配者であるから、支配者の説明を大嶋から聞け、と心が言った、と。私は「本当に心がそんなことを言ったんですか？」と確認をし半信半疑ながら、その女性に支配者のことを説明した。

すると女性の心は、人の中には「支配者」、「無」、「神の人」３つのタイプがいて、生まれつきそれが決まっていて、途中から変わることがない、と言った。鳥肌が立った。なぜなら、支配者を教えてくれたあの女性も「支配者」、「虚無」そして「光の人」の３つのタイプを教えてくれたから。心が教えてくれた、それぞれのタイプの人口の割合もほぼ、一致していて「なんじゃ！　こりゃ！」と呆気にとられてしまった。２人の女性に接点は一切ない。やはり、心はみんな脳のネットワークでつながっていて知識を共有しているのか？

　なかでも驚いたのが「父親が支配者から娘を犯した罪人として支配されている」という心からの情報で、女性の苦しみが消えていたことだった。親から虐待されたケースは「そんなことをされた自分は汚れている」や「親に対する怒り」で苦しみ、その苦しみから抜け出すことが困難なことがある。

　前回のカウンセリングまで父親に対する憎しみと怒りで満ち満ちていて、その苦しみでのたうちまわっていたはずなのに、心が教えてくれた「支配者である祖母から父親が罪人にされて支配されるために虐待をさせられていた」というストーリーで全く違った展開になってしまった。

「支配者」という存在自体がなんなのかも分からないまま、女性はその心のストーリーを聞いて「汚れた罪で苦しんでいるのは自分だけではなかった」と苦しみから解放された姿は以前とは違っていた。たぶん、心が「父親は支配者である祖母に娘に対する虐待をやらされているだけ」ということだったら、彼女の怒りは治らなかったはず。彼女がこれまで感じてきたのと同じ罪悪感と苦しみで父親も祖母から裁かれ、そして罰せられて支配されて苦しんできた、ということで父親に対する怒りと汚れた感覚から解放されていった。この女性の心がやったことはすごいことである。

なぜなら、普通は「娘を虐待するような汚れた父親の血が自分に流れている」となるから「汚れた感覚」から抜け出せなくなるし「その汚れた血を持って生きながらえている自分自身を許すことができない」という気持ちが「虐待した父親が憎い！」という怒りの水面下に流れている。それが「支配者である祖母にさせられていた」となることで「汚れた血」から解放されてしまうのだ。さらに「父親にそんなことをさせてしまった」という罪悪感でずっと一人で苦しんでいる、と思っていて、父親は虐待したことを忘れてしまっているか、その記憶をおかずに頭の中で繰り返し自分に対して気持ち悪いことをして快感に浸っているのでは？　と疑っていた。

でも、心が教えてくれたことは、女性と同じように、いや、それ以上に「娘に対して虐待をしてしまった罪悪感で死んでしまうような苦しみを祖母から与えられて祖母から支配されている」というわけである。「自分一人だけが罪悪感で苦しんでいる」と思っていたけど、この罪悪感自体が自分のものではなくて父親から伝わってくるものであって、それは元々、祖母から父親が入れられたものを女性が受けとっているだけ、ということになると「あ！　この罪悪感は自分のものではないんだ！」と解放されてしまったのだ。

カウンセリングの中で、虐待者に対する怒りを何年も吐き出して、やっとその憎しみや罪悪感から解放される。その時間が一気に短縮される。「え？　心が語ってくれたストーリーでこんなに簡単に解放されてしまうの？」となる。これまで時間をかけて罪悪感から解放されていった方々に申し訳ない気持ちになった。そして女性の心は「大嶋さんの感じている罪悪感はおじいさんから入れられているものだから！」と教えてくれた。

これもびっくりしたのは、あの最初に「支配者」を教えてくれた方が「大嶋さんのおじいさんが支配者で汚物（罪悪感）を流し込んでいる」と言われていたから。さすがに私も見て見ぬ振りができなくなってきた。心理カウンセラーとしては、クライアントさんのお話は「半分、半分」で聞かなければならない。そう教わってきたが、全然知らない方々が同じことを語った時はどう対処したらいいのか、わからなくなってきた。

人間には3種類あることを発見する

この父親から虐待された女性たちが「心に聞く」をやって「こんなおもしろい展開になりました」と専門の先生に話しても「虐待の苦しみから逃れるために、自分自身でストーリーを作り上げた」と解釈されてしまうだろう。実際に、女性たちがそれぞれの精神科や心療内科の主治医に話した時には

「はあ、そうですか」で終わってしまっていた。

カウンセラーという立場では「半分、半分」で聞かなければならないので「妄想」と断定することできなくて「そこに真実があるかもしれない」という姿勢が必要となる。さらに、その虐待された女性が「虐待のトラウマ」から解放されて自由になり、その表情や言動のすべてが変わっていても、専門家は躁うつ病の「躁状態である」という可能性を疑わなければならない。だから、カウンセラーは、どんな素晴らしい変化が起きても「淡々と見守る」という姿勢が必要になる。

はるか昔に亡くなっているインドで有名なキリスト教徒が頭に浮かんできても、心が「支配者」という存在を教えてくれても「淡々と経過を観察する」という姿勢がカウンセラーには必要なのだが、女性たちの変化を見ていて、このカウンセラーは「あんなに自由になれるのは羨ましい！」と不覚にも思ってしまった。

これまでも、カウンセリングの仕事をやってきて、担当したクライアントさんが「心の傷から解放されて自由になった！」ときは「すごい変化だな」と羨ましくなることはたくさんあった。でも、この父親から虐待を受けてきた人たちが、心に聞いて、変化した時の変化は、これまで見たことがないような美しさと力強さがある。たくさんの立派な宗教家や治療者に海外でも日本でも会ってきたが、これほどの美しさと力強さをその方々の中には見出すことができなかった。どんなに立派で素晴らしい方の中にも「光と影」が存在していて、理想と現実のバランスをとっている。

立派であればあるほど常識的である必要があり、その常識が影となって、時折せっかくの光が隠れてしまう。立派な方が光である理想を掲げて立ち上がった場面を何度も見てきた。でも、すぐに闇がその人の光を襲ってしまい、あれだけ理想で輝いていた人たちも影に飲まれて、いつの間にか常識的に生きるようになってしまう。私は、学生時代から「嫉妬」に興味があり、光である理想を掲げた時に、周囲の人たちから嫉妬で潰されてしまう事例を観察していた。

子供の頃から「清く正しく生きなければ地獄に落ちる」と教わってきて「清く正しく生きよう」と決心したときから、親からは罪人扱いをされ、学校では「気持ち悪い」といじめられてきた。心理学を勉強しているうちに「清く生きようとすればするほど、周囲から嫉妬をされて潰されてしまうのでは？」と考えるようになり、立派で高尚な人ほど、嫉妬で周囲から攻撃をされ足を引っ張られてしまうから「光と影」の絶妙なバランスをとるようになり「常識」という縛られた現実の中に生きることになる。

心の声から「支配者」という存在を教わった女性たちには「影」がなくなっていた。そして「常識」に縛られなくなって、自由に美しく輝きながら生きることができるようになっていた。

それは、それまでの私の常識からしたら「周囲からの嫉妬の攻撃で潰されちゃうから危ない！」と止めなければならない。でも、彼女たちが、心の声に従って「支配者」という存在を切り離していったら「光は闇に打ち消されない」という姿を目撃してしまった。光が闇に打ち消さることなく、光は光のまま自由に生きられている。

私の常識は「人間はみんな同じで良いものとして生まれてきたけど、動物的な部分も備わって〝嫉妬の発作〟を起こすから、光を掲げる人を闇で打ち消してしまう」であった。それが「人間は、みんな同じように見えて、生まれつき、支配者、虚無、そして光の人という違った存在で、それぞれの常識が違う」となっているという。そして「支配者」という偽りの神を演じる存在が「虚無や光の人に対して罪に定めて、その罪を罰して支配をする」ということを教わった時に、私の中の常識が変わった。

私の中にある「光と影」で「影」の部分を作り出しているのは「自分の弱さと罪深さ」だと思っていたけど、それは違っていた。「影」は「支配者」が作り出しているものであった。支配者が私を「罪人」に定めて私の「罪」を罰して支配する。この「支配」が自由を奪われた状態で、罪を背負ったまま生きる「影」になる。

私は「みんな同じ人間」と思っていたから、私を罪人に定める「支配者」の存在に気がつかなくて、その支配者に罪人と裁かれて「罪」に対して罰を与えられた。例えば、私が人から感謝された時に「気分が良くなって調子に乗ってしまう」とすると、それが「傲慢」の罪人にされてしまう。傲慢な罪人は、必ず「最悪なことが起きる」という「罪に対する罰」を受けてしまう。そして私は「すぐに調子に乗って傲慢になってしまう私は喜んではいけない」と喜びの自由の翼を折ることになってしまう。

喜びという翼で飛べなくなり「傲慢」という罪の足かせをつけられて、裁かれて罰せられることを恐れながら生きることになる。支配者の存在を教えてくれた女性たちは、自分と同じような人間に見える「支配者」の存在を自分の周りから排除したら、喜びを感じながら自由に飛び回れるようになっていた。そして、私を罪に定める支配者は、私がずっと尊敬してきた「祖父」である、と彼女たちは教えてくれた。

祖父はとっくの昔に亡くなっているが、私の中には祖父からの教えがびっしりと詰まっている。その祖父の教えが「支配」である、と認めた時に、私の常識が変わっていった。別に「祖父が極悪人」という認識を持つ必要はなくて「自分と同じ人間」という認識から「支配者」という認識に変えるだけ。「支配者」は神を演じているが、それは「支配者の世界」の話であって、私の世界の神ではない、というだけ。

この「支配者」という言葉が難しく思われるかもしれないが、もっとシンプルに言うと「なぜ亡くなっている祖父からの評価を気にして生きているの？」という単純なこと。祖父から嫌われるような存在は「死んだら地獄に落ちる」という恐怖が私の中にはあった。その祖父が「支配者」という存在で私とは違う存在である、と認識した時に私は、それまでの私の常識の縛りから解き放たれて、自由になっていった。「祖父」という存在から解き放たれただけで、私の目の前には素晴らしい自由な世界が広がった。

「あの支配者の存在を教えてくれた女性たちはこんな素敵な世界を見ていたんだ！」という世界を垣間見ることができた。それまで何をするにも「罪」を感じ、その罪を償うための重い人生を生きてきた。「支配者」という存在を認めることで、そこから解放されて、自由の翼を再びとり戻していった。

優しい「支配者」

ある女性が「夜になってもちっとも眠れなくて、仕事を探すことができない」と苦しんでいた。年金暮らしの両親からお金を送ってもらっていたので、普通だったら「すごく優しい両親で、この方は甘えているだけ」となるのかもしれない。でも、本人はありとあらゆる努力をしても、眠れず、仕事も続けられず、挫折し続けていた。精神科の治療を受けても改善されずに、私のところへやってきた。

「どうしたらいいんですか？」とアドバイスを求められたので「昼間は寝ていますか？」と質問をすると「夜にちっとも眠れないから、昼間はうとうとして何も集中ができないんじゃない！」と怒り出す。「昼間寝るから、夜に眠れなくなるから、昼間は我慢して起きているように」というアドバイスは、これまでもたくさん専門家から受けているから、次に言われることがその方はわかっている。その方にどんな質問をしても、先を読まれて否定されるので「どうしたらいいんだろう？」と悩む。そんな時に、〝心に聞く〟を使ってみようとなった。

女性は「そんなことをやったって無意味！」といきなり否定的。女性は「心に聞く」と言われたらだいたいどんなことをやるのかわかるからと言われて「そんなことは無意味！」となる。だったら、と思って、いきなり女性の心に「心よ！　私を支配している支配者は誰？」と聞いてもらった。

女性は「え？　支配者って何？」と質問をしてきたが、説明を聞いてしまったら考えて答えちゃうから、自分の心に「支配者は誰？」とだけ聞いてみて！　とお願いした。すると、女性の心は「父親です」と答えた。女性の父親は、女性から暴力を振るわれても、ずっと彼女のことを心配して、かかさずお金を入金してくれる。さらに、父親が亡くなったときのために、女性が生活に困らないためのお金を用意している高尚なお父さんだった。

女性は「へー！　父親が支配者なんだ！」と支配者がなんだかわからないまま感心していたが、私は女性がこれまで父親にしてきた暴力の数々と父親がしてくれていることを知っていたので「本当かな？」と疑問に思った。

そこで「心よ！　支配者の父親は、私をどんなふうに支配しているの？」と支配者の特徴がわからないまま質問をしてもらった。すると女性の心は「父親は、働かないで大飯食らい、と裁いて、みんなから嫌われるという罰を与えている」と答えたので「嘘でしょ！」とびっくりした。

女性は私に「ねえ、支配者って何？」と聞いてきます。後でちゃんと説明することを約束して、このまま心に質問を続けてもらうことにした。

「心よ！　それでは、この支配者である父親に対してどうしたらいいの？」と聞いてもらうと「父親との関係を切りなさい！」と無情なことを言う。「心よ！　父親との関係を切るって具体的にはどうすればいいの？」と質問すると「お金を両親から送ってもらうのはやめなさい」と教えてくれた。

「心よ！　どうやってお金を断ったらいいの？」と聞くと「もう必要ないから入金はしないでください、と伝えて銀行口座を閉めなさい」と言われる。

心への質問が終わってから、約束通りに女性に「支配者」の説明をすると、「やっぱりそうだったんだ！」と女性は前から知っていた感じで自慢げに言った。「だから、父親のことが気持ち悪くて、私は怒っていたんだ！」と自分の行動に納得。「お金を使って、私に罪悪感を与えて、そして動けないようにしていたのが父親だったんだ！」と。それをすんなり理解できるのが私には信じられなかった。そして女性は「夜になると過去のいろんな嫌な人たちが思い出されて、自分が嫌われている、となるのも父親から入れられていたんだ！」とそれも素直に納得する。女性は「周りの人は私のことを嫌って去っていくけど、父親だけは気持ち悪く最後まで残っている、と思っていたから、納得した」と言う。そして、女性は心が言ったように、父親からの入金を断って口座を閉めたら、働けるようになり、夜に眠れるようになっていった。

優しい「支配者」

「眠る時に過去の嫌な人のことを思い出さなくなった！」とびっくりしていたが、本当にびっくりしたのは私の方だった。私もお会いしたことがある、あんな優しい父親が「支配者」であることにショックを受けていたが、その父親を切り離しただけで女性の生活が一変してしまったから。

「支配者」という危ない存在を私が勝手に作り出して「差別」のようなことをしているのかも？　という罪悪感が襲ってくる。でも、あの女性を見ていると「父親は気持ち悪い存在」と蔑んでいながらも「お金をいくらでも引き出せる」という甘えのようなものが存在していた。「支配者」と知った時に、女性は「自分とは違う存在である」とすんなり認めることができて「自分にはできないすごいことができる存在である」ということを知った時に、父親と精神的な距離をとることができ、女性は初めて一人で歩き始めたのだ。そのしっかり歩く様を見ていると「あ！　本当に優しい父親に支配されていたのかも！」と思えてくる。もちろんカウンセラーなので「半分、半分」なのだが、これまで何をやっても変わらなかった女性の状況が「支配者」という存在を知るだけでこれだけ変わってしまったのには何かがあるのかもしれない、と考えたくなっていた。

罪悪感を感じさせ罰を与える「支配者」

友人の精神科医の先生に食事に誘われ、喜んで、その先生が用意した定食屋へと急いだ。席に座ると、先生はいきなり「大嶋さん、最近何があったの？　どうしてそんなに変わっちゃったの？」と質問をしてきた。どうやら、カウンセリングのクライアントさんが先生の患者さんらしくて「最近の大嶋は何かが違う」という報告が入っていたようだった。「何が違っています？」と聞くと「なんだか、たがが外れたというか、自由にのびのびやっている感じになっているから、興味があって」と言う。

そこで先生に「父親から虐待された女性」の経過を説明し、女性の心が教えてくれた「支配者」のことを話してみた。すると先生は「それって嫌な人から離れたら自由になった、ということ？」と聞いてきた。

私はキリスト教の文化で育ってきたので「支配者」の存在は、なんとなく理解しやすかった。先生の「支配者」の理解だと「あいつ、俺の悪口を広めて俺を陥れるようなことをやっているから支配者！」になっていて「嫌な奴はみんな支配者にしちゃえば自由になれる」という感じ。カウンセリングのテクニック的には、それもありなのかもしれない。自分を困らせる相手を「支配者」と決めてしまって「生まれつき自分とは違う存在」にすれば「相手の自分に対する考え方を変えよう」とか「戦って相手を負かせよう」などをしなくなって葛藤が減る。

けれども、支配者は単純に嫌な奴ではなくて「罪悪感を感じさせて、その罪に対して罰を与えて支配する」のだ、という説明をした。普通だったら「大嶋は危ない世界に入ってしまった」と判断されるだろう。でも、先生は謙虚だからなのか「え？　それって心に聞く、をやれば誰が支配者かわかるの？」と質問をされる。

「え？　先生は心に聞くって怪しい方法だと思いませんか？」と質問をすると「いや、無意識の世界ってあるからね！」と爽やかな笑顔で言う。食事の場なのに、個室だからやってみようか！　という話になって「心よ！　いま、僕と心の間に邪魔がある？」と先生は心に向かって私が説明した通りに質問をし始めた。さすが、頭がいい先生だから一度説明しただけで、スラスラと流れるように心に聞くことができる。

「お！　心と俺の間に奥さんが邪魔している！」とちょっとうれしそう。「あ！　今度は母親も出てきた！」と手順通りに心と先生の間の邪魔を心に聞いて特定して、それを一つ一つ排除していく。先生は途中で「あ！　これが母親から入れられている刷り込みとか、奥さんから入れられている思い込み、というものを排除する作業なのか」と解説してくれる。

そう「私は自分の頭で考えている」と思っていても「母親からの刷り込み」というものが間に入っていたりする。一人でいるのに「奥さんだったら、これをどう思うのかな？」と考えてしまう。それをすべて消してしまうと「純粋に心に聞ける」ということなのか！　とその仕組みに感動している様子だった。先生は、突然そこからサイレントモードに入ってしまった。それまで声を出して心に質問をしていたのに、そこから質問の内容を私には聞かせてくれなくなった。

「なんか、おもしろいことを聞いているんだろうな」と思いながら、先生のことを眺めていた。すると、先生が「大嶋さん、これはおもしろいね〜〜〜！」と言い出す。「そうでしょ！」と言いたかったが、先生の質問の内容がわからなかったので「え？　何がですか？」と尋ねてみた。先生は、いやね、俺、何度も浮気しちゃっていて、罪悪感を奥さんに感じていて、繰り返すたびに「俺ってダメだな」とものすごく落ち込んでいて、やばい感じだったの、と言うので、私は目が点になってしまった。

いやさ、さっき、大嶋さんが「支配者が罪を裁いて、罰を与える」と言っていたじゃん。だから「俺の奥さんが支配者？」と思って心に聞いてみたら「違う！」と言われて「がっかり！」と思っていたの。だって、奥さんが支配者で奥さんに浮気をさせられて罪意識で縛られているんだったら、わかりやすいじゃん、と説明される。私は「いや、この方どんだけ頭がいいんだ！」と心の中で感心してしまう。だって、あれだけの説明でこんなに早く理解して心に質問をしてるんだから。先生はちょっと悲しそうに「いやさ、心に聞いたら〝母親が支配者〟で俺の浮気は母親を性的に求めている罪なんだって」と高度なことを言い、私はそれについていけなかった。

私が混乱しているのをみて、先生が「俺が浮気をしちゃうのは、浮気相手に母親を映し出して、助けたい、と思って関係を持ってしまうことだって」と悲しそうな顔をする。先生はお母さんのことを「父親から浮気を繰り返されてかわいそうな人」だと思っていた。それで自分が支えてあげなければと思って精神科医になった。そのお母様が支配者だと心に言われ、先生はショックを受けていたが「それですべての辻褄が合う」と言った。

ちょっとかわいそうな女性を見ると放っておけなくなっていたのは、その女性に母親と同じものを感じていたから。それは母親にやらされている、と心が教えてくれて、心が教えてくれた支配者である母親が先生に入れていた罪は「母親と性的な関係を持つ罪人」で「誰とも親密な関係になれない罰」を与えている、とのことだった。「だから、奥さんとうまくいかないわけだ！」となぜか先生の顔がスッキリしていた。俺はてっきり奥さんとうまくいかないから、浮気をしちゃうんだと思っていた。それが逆だったって、この心に聞くのっておもしろいね！　と笑顔で言った。

その後、先生の中に例の影のようなものがなくなって自由になっていた。あの父親から虐待をされた女性のように「この変化は羨ましい」と私は先生の変化を見て感じていた。

感謝の気持ちを伝えたくて

学生時代にあの教授たちに出会っていなかったら「人間はみんな同じではない」とか「同じ人間に見える支配者が存在している」なんて到底、理解できなかったと思う。車の事故を起こした時にモルトン教授は、頭がふらつく私に無理やり「あなたの神は小さすぎる」という本を読ませてレポートを書かせてくれた。「祖父が神」になっていたことを受け入れるためには、あの本が必要不可欠だった。

サイツ教授は、私がアリの2・6・2の話をした時にちゃんとそれを受け止めてくれて、どうして私が苦しんでいたのかを解説してくれた。それがなければ「支配者・虚無・光の人」という3つのタイプに人間が分かれていることなんて理解できなかったと思う。教えてくれたのは、これまで苦しんできたクライアントさんの心だったけど、その下地を作ってくれたのは、あの教授たちだな、と思って感謝の気持ちでいっぱいになった。

教授たちに直接「支配者」の存在に気がつくことができて、カウンセリングが変わったんです！　ありがとうございました！　と感謝の気持ちを伝えても、たぶん「？？」となってしまうだろう。あの教授たちは拙い私の英語に耳を傾けてくれ、そこから受けとれる些細なことでも「よかったですね～」と喜んでくれた。その姿が目に浮かぶ。それでは私が伝えたかった感謝の気持ちの百分の一も伝わらない。あの教授たちが私に与えてくれたもの、託してくれた知識に対して、私はお返しがしたかった。教授たちからしたらこんな異国の地で「心に聞く」なんて怪しいことをしている、アホな元生徒から何も得ることはない、というのはよくわかる。でも、それがわかっていても「感謝の気持ちでお返しをしたい！」と真剣に考えるようになって「論文を書く？」と考えたが、論文にしてしまったら必ず炎上してしまうのが目に見えていたから「そうだ！　本を書こう！」と思いついた。

そんな時に「催眠のお師匠さんとはもう一緒に食事にいけない」という知らせをいただいた。聞いた瞬間、膝から崩れ落ちてしまった。催眠のお師匠さんは「大嶋さん！　一緒に本を書きましょう！　私が編集しますから！」と言ってくれていた。一緒にセミナーをやったり、クライアントさんを紹介すると、お師匠さんは「一緒に本を出版するときの資金にプールしておきますから」とお金を貯めておいてくれた。そう！　日本を元気にする心理学の本を書きましょう！　と笑顔で言ってくれていた。そのお師匠さんが貯めておいてくれた出版資金を、私が独立をする時に出してもらっていた。

「いつか、お師匠さんと一緒に出版したい」と思っていたのに、日々の仕事にかまけて「いつか」と言いながらあっという間に時が過ぎてしまい、お師匠さんに編集していただくことが、もう、二度とできなくなってしまった。お師匠さんに対して、申し訳ない気持ちでいっぱいになっていた。それと同時に「いつか」と言っても「もう私にも残された時間がないのかもしれない」と思った。

「いつか、自分がしっかりしたら文章を書こう」とか思っていたら、いつまでたっても私は「まだ、自分はしっかりしていないから」と言い訳をして書かなかった。教授たちに感謝の気持ちを本に書いて表現したい、と思ったのとほぼ同時に「お師匠さんに申し訳ないことをしてしまった」という無念な気持ちが重なり「本を一冊書く」ことを心に決めた。

　そこで私も「心よ！」とお師匠さんに教えていただいた催眠を自分で使ってみることにした。そう、お師匠さんの催眠でクライアントさんがこれまでみたことがない変化を遂げて、私までそれに影響されて自由になることができた。そんな「心よ！」という問いかけを、今、ここでやってみよう、と。

「心よ！　俺は本を書ける？」と恐る恐る聞いてみる。すると心は「書ける！　書ける！」とものすごい軽い答え。「ほんまかいな～」と疑ってしまうのだが「心よ！　どうやって書いたらいいの？」と質問をすると「あなたが好きな脳のネットワークを使って書けば！」とわけのわからないことを言われる。

「心よ！　それってネットのブログとかを読んでくれる人の脳のネットワークを使って書けってこと？」と聞いてみると、心は「そう定められている」と答える。定められているって、それって前から決まっていたこと？　と質問をしたかったが「心よ！　どれくらいの頻度で書くの？」という現実的な質問を優先させた。すると心は「毎日！」と答えたので「まじかよ！」となった。

　ついでに「心よ！　お師匠さんに対して、申し訳ない気持ちでいっぱいなんだけど」と質問をした時に涙が溢れてきた。すると、心は「だから、脳のネットワークで書けって言っているじゃない！」

と答えが返ってきた。その時に「あー！　そうか！　脳のネットワークって時空を越えるのよね～」と思った時に、お師匠さんのあの優しい温かい手が背中を押してくれているあの感覚が蘇ってきた。その手の感触を背中で感じながら私は「すみませんでした」と頭を下げて涙を流していた。すると、心の中から「罪悪感はいらな～い！」と声が響いてきた。私の涙は止まらなかった。

ミラーニューロンの仕組み

以前、大手の出版社で本を書かせていただいた時には、編集者の方から「大嶋さんの文章は論文みたいになってしまうから、小学校5年生がわかるような文章を書いてください」と何度も注意された。子供の頃から文章を書くのは好きだったが、コンピューターがない時代だったので、原稿用紙に文章を書いていると、児童作家を目指していた母親から「あんたの字は汚い」とか「誤字脱字が多い」そして「あんたの文章はクドイ」と文章を書くたびにダメ出しをされていたので「文章を書くのは苦手」になってしまっていた。

自分が文章を書くと読む人を不快にさせてしまう罪悪感で支配されて、文章を書くことが苦痛である、という罰を書くたびに与えられて「あなたには文章を書くことができない」という支配を受けているる、と思ってみるとおもしろい。普通だったら「注意されるんだったら、字がきれいに書けるように気をつけたらいいじゃない！」となる。でも、支配のおもしろいところは「あなたの文字と文章は人を不快にしている罪」という感じで裁かれる。そして「人を不快にさせる罪」を罰せられて「文章を書く苦痛」を体験してしまうと、文字を書こうとするたびにものすごい苦痛を感じてしまう。

鉛筆やペンなどで文字を書こうとすると緊張でものすごく力が入ってしまって、指先がプルプルしてしまうので「まともに文字が書けなくなる」となっていた。漢字を書く時なども、ものすごく嫌な顔をされたので「私が文字を書くと人を不快にしてしまう」とまともに書けなくなる。この支配が祖父から入れられていて、というストーリーにすると非常に興味深いことになる。祖父は、非常に立派な牧師だったので「おじいさんはなぜ本を出版しないのかな？」とずっと思っていた。その娘である母親も児童文学作家のところに勉強に行っていたのにもかかわらず、一冊も本を書くことはなかった。「本を書けない」というのが祖父の支配である、という物語にした時に「あれ？　文章を書くのが楽しい！」とそれまで「苦手」と思っていた文章を毎日書くのが楽しくなっていた。もちろん、この「支配者」の仕組みを書きたかったのだが、それをいきなり書いても「なんだ！　こいつ？　頭がおかしいんじゃないか！」と思われてしまうのはわかっていた。なぜなら、みんな人に見えるけどちゃんとその中には「支配者」が紛れ込んでいる。支配者の役割は「罪に定めて罰を与えること！」だから、それを書くと「頭のおかしいことを書いて、人を惑わす罪人」にされて「あんたの書いた文章は炎上する」という恐怖の罰を与えてくれる仕組みになっているから。

　私は「何を書いてもいいじゃない！」と思うのだが、この世の中は「支配者」が仕組みを作っているから「あんたの言っていることは間違っている！」と罪に定めることが世の常で、そして「嘘つきの妄想野郎！」というレッテルを付けられて辱められる、という罰を与えてくれる。インターネットがない時代だったら「あんたの言っていることは本当に妄想だよ！」と言われてもおかしくない。でも、インターネットの時代になって、この支配者の仕組みが浮き彫りになって「ほら！　ちゃんと罪人にされて罰を与えられるでしょ！」ということが証明できてしまう。

　楽しそうなブログを書いていると「貧しい人の気持ちを考えない不謹慎な人」というコメントがついて、ブログを書いている人は「あーあ」と汚れた気分になるのは「罪人」にされてしまうから。そして、支配者が「罪人」に定めるとそれに影響された人たちが批判的なコメントを次々と書いて罰を与える。あれを見ていると「これって古代の石打の刑だよね～」と思う。

　あちらの国ではつい最近まで「女性が浮気をした」となったら、罪に定める人が「この人は浮気をしました」と罪人にして、一般の人たちが女性に石を投げつけていた。ネット上の「否定的な言葉」も石打ちの刑と一緒なのに「言葉だから誰も傷つかない」と思って、みんな酷い言葉を投げつける。そして、楽しくブログを書いていた人は、魂がボロボロに傷つき殺されて楽しいことを書くことができなくなる。そして、書くことができなくなった人を今度は「心の弱い罪人」と裁いて、さらに言葉の石をみんなで投げ続ける。

ネット社会になって、この支配の仕組みを可視化できるようになったのはすごいな、と思う。でも、これはインターネットがない時代から存在していた。なぜなら、人の脳は無線ＬＡＮのように他の人と繋がっていて、情報のやりとりをしているから。飛び抜けた才能がある作家や芸術家がうつ状態になって潰れていった。その人たちの心が弱いから、とされてしまっているけど、実際は「脳のネットワークで罪人にされて石打ちの刑にあっている！」ので、身も心もボロボロになり朽ちてしまうのだ。

多くの人は「私にはそんな才能はないから大丈夫」と思っているかもしれないが、その「才能がない」というのは、既に脳のネットワークで石打の刑にあって才能が潰されているからだったりする。ちょっとでも外見が美しかったり、才能があったら「ご近所さんの目が気になる」と不快な気分になることがあるが、脳のネットワークで罪に定められて、石を投げられているから「痛い！」と感じ、そして自由に動けなくなっているのだ。そして、こそこそと人目を気にして床を這いずり回る虫のような気持ちで生きなければならなくなってしまう。

会社で周りの人がこそこそ話をしているのが気になった時は「これって被害妄想？　それとも自意識過剰？」と思ったりするけど、実際は脳のネットワークでちゃんと罪人にされて、石を投げられている。「え？　私何も悪いことしていないのに！」と思う。その「悪いことをしていない」というのが支配の対象になってしまう。なぜなら支配者は「罪に定めて、罰して支配する」ことを使命としているから「罪がない」という状態は支配者の怠慢になってしまう。

本当は、こんなことを最初から書きたいのだが、それが無理なことがわかっているので「とりあえず脳のネットワークで人は傷つけられる」という仕組みを書いちゃえ！　と書き始めた。

誰のためにミラーニューロンは存在している

ミラーニューロンは人の脳にある細胞で「相手の脳の状態を真似する」という機能がある。緊張した人がそばにいると緊張しちゃう、という現象は誰でも体験していることで、イタリアの脳科学者がそれを猿の実験で発見していた。多くの科学者にとって「だから何？」という感じだったかもしれないが、私にとっては、それはすごいことだった。

なぜなら、私はそれまで「自分は変わることができない」とずっともがき続けてきた。それが「あれ？　なぜ変わることができちゃった！」という瞬間を何度も経験していたから。心に言われた通りに毎日ブログで文章を書いていくとそれがだんだん明らかになっていった。

掃除、片付けができなくて「あなたはだらしない」と母親からいつも汚いものを見るように見られていた。「自分はこのまま一生、だらしない汚い人間として変わることがないんだろうな」と思っていたら「あれ？　どんどん自分が変わっていく！」となった理由はたぶんみんな興味がないと思う。なぜなら、それはただの自慢話にしか聞こえないから。でも、それが「ミラーニューロンでアリさんと同じように2・6・2の割合になっていて、働きアリの脳のストレスを働けないアリが真似をして請け負って処理をしている」ということになれば「なに～！」と興味が持てるのかもしれない。興味が持てるというよりも、心当たりがたくさんあるから「ムカつく！」となるのかもしれない。

職場でも、学校の勉強でも「できる人」の割合が決まっていて「できる人」のストレスを「できない人」が負わされて惨めな気分になって「やろうとしてもちっともやることができない」となってしまう。ミラーニューロンが勝手にストレスを抱えている人の脳を真似して「ストレス脳」になってしまうから「何もしていないのに疲れてしまう」という現象が起きる。自分の過去のことを書いていて、親からいつも「あなたはいつもため息ばかりついている」と注意されていたことを思い出す。子供ながらに「なんで自分はこんなに疲れてしまうんだろう？　何もしていないのに」とずっと疑問に思っていた。

会社が倒産寸前で苦しんでいた父親のストレス脳をミラーニューロンで真似して請け負ってしまう。姑からいじめられて、そしてイライラして帰ってくる夫のストレスで寝込んでしまう母親のストレス脳を真似して「ハア〜」とものすごいため息が出てしまうのは、ストレスで息苦しかったから。学校では「勉強ができてうらやましいな〜」という人たちがいて、私は「何もできない気持ち悪いやつ」と仲間外れにされていじめられていた。

単純に考えると「勉強を一生懸命している人のストレスをいじめられっ子が請け負う役目を負っている」ということになる。でも、ミラーニューロンで考えてみると、勉強ができる子のストレスをミラーニューロンで真似をしてしまうと、そのストレスでやる気をなくしてしまう、というおもしろい仕組みになる。勉強ができないのは、あなたのせいじゃなくてミラーニューロンで勉強をしている人のストレスを真似てしまうから、という仕組みは、カウンセリングの「外在化」というテクニックになる。

私は「自分が勉強をしないから勉強ができないんだ」と思って自分を責めていた。でも、自分を責めたって変わらない。「ミラーニューロンのせいで周りの人のストレスを請け負っていたから勉強ができなかった」とすれば、自分を責めなくなり「問題を自分の外に作る」ということで「外在化」となる。この「外在化」を勘違いしている人がたくさんいて「ただ、人のせいにしているだけじゃないか！

自分の責任を負っていない！」という批判をする。まあ、罪人にして罰を与えるのが仕事の人たちの仕業なのだが、そんなことは書けない。

「外在化」が「人のせいにしている」ということであれば「勉強できる奴らのせいで自分が勉強がで

きなくなっている」となる。その仕組みを許している教師たちのせいで勉強ができない、というのも同じこと。外在化とは違うのは「怒り」を発生させてしまうから。「あいつのせいで！」と怒りを煽れば、怒った時に脳内では「炎症物質」が発生してしまう。この炎症物質が脳内で悪さをして「頭がだるい」とか「頭がうまく働かない」そして「鬱状態でやる気が起きない」などの症状を作っている。だから「外在化」は、「自分を責める」とか「相手を責める」という状態から「怒りが消えちゃう！」という状態を作る必要がある。

「ミラーニューロンが勝手に相手のストレスを真似てしまう」ということであれば、ミラーニューロンに怒るわけにはいかないので「あれ？　怒りが自分や相手に向かなくなった！」となり、炎症物質が発生しなくなって「動けるようになった！」と変化が起きる仕組みになっている。

怒りを消すのが目的だったら「そんなことで怒ったってしょうがないじゃん！」とか「怒ったら余計に何もできなくなるよ！」と説明すればいい、と多くの人は思って、そんな助言をしてしまう。それでは原子炉にバケツで水をかけるようなもので、すぐに乾いてしまう。熱く燃えている怒りを急激に消そうとしてしまうとメルトダウンが起きて怒りがいつまでも消えなくなってしまう。だから、徐々にゆっくりとミラーニューロンの仕組みを知って、自分の中に燃えている怒りを打ち消していく。そんなことをイメージしながら、毎日のブログを書き進んでいった。

書き進めていくと、私の中に燃えていた怒りも一つ一つ消されていく感覚があった。これまで、たくさん自分を責めて罰していたな～、と懐かしく思えるようになったら、怒りは消えた証拠になる。すると、私の中の炎症物質がどんどん少なくなっていき、頭がクリアになっていった。頭がクリアになっていくと、さらに自分が苦しんでいた仕組みが見えてきて、それが外在化の効果を発揮して、さらに私の中の怒りが打ち消されていく。あー、こうやって自分の中の怒りは、ゆっくり冷やされていく必要があるんだな、と書きながら思った。

さらに、ブログを読んでくれた人たちの中にも私と同じ現象が見えるから「書いてよかった～！」と思えるようになり、そのうちに読んでくれた方と一緒に書いている喜びを感じられるようになっていた。これが心が言っていた「脳のネットワークを使って書く」ということなんだ、と改めて気がつかされて、心に対する信頼感も増していった。

恥ずかしいことを吐露して自由になる

「脳のネットワークを使って書く」はおもしろい方法だった。なぜなら「今日はこれを書こうかな？」とミラーニューロンで自分がどれだけ苦しんでいたのか？　という体験を思い浮かべると「頭の中にものすごく批判されている場面が浮かぶ！」のだ。頭の中に「あんたは何もわかっていない！」とか「本当の苦しみを知らないダメ人間」などの責めの言葉がたくさん浮かんできて「ヒエ～」となる。

これは脳のネットワークで読者と繋がって未来の反応を先取りしていること。脳のネットワークは時空を超えるのでは、と考えた。脳のネットワーク自体が現代の科学では測ることができないから「光よりも速い！」可能性がある。だから未来の読者の反応を事前に受けとることができる。もちろん、それは一つのストーリーなのだが、そうやって、書く内容を考えてみると「自分が書きたくないような恥ずかしいこと」の時には、頭の中に批判の嵐が起こらないのだ。自分が「人には言えない」と思っているようなところまで掘り下げた時に、頭が「シーン」となって書き進めることができる。この作業がとてもおもしろかった。なぜなら、彫刻みたいなものだと思ったから。

「人からよく見られたい」とか「人から評価されたい」と思っている部分を書こうとすると、頭の中に批判の嵐が吹く。そこで「もうちょっと深く掘り下げてみよう」と思って、自分が人には言えない恥ずかしいことを書こうと考えたら静かになって、書き続けていくと「本来の自分の姿」が見えてくる。

「人にこんなみっともない恥ずかしい姿を晒したら嫌われちゃう！」と思っているところまで掘り下げて書いてみると「あー！　その恥ずかしさって、ミラーニューロンで他の人からもらっているもので私のものではなかった！」と恥が自分から剥がれ落ちていく。恥ずかしい姿を人に知られたら自分が崩壊してしまうと思って鎧をまとっていた自分に気づき、書きながらどんどん身軽になっていった。

確かに、カウンセリングの中でも、〝恥ずかしいこと〟や〝他の人に言えないこと〟を吐露できる人の方が回復が早い。それを思い出した。カウンセリングに来て「人には言えない恥ずかしいこと」を吐露するってすごいな～と以前から思っていて、その方々の回復する姿の美しさに感動していたが、実際に脳のネットワークを使って、自分も「人には言えない恥ずかしいこと」を文章で吐露していくことで、自由を感じることができた。

人に知られるのが怖くて、自分を隠すためにたくさん言い訳のようなことをし続けていた。脳のネットワークで「嘘つき！」とか「偽善者！」と「罪人」にされて罰を与えられて「惨めな人生から抜けられない」と絶望しか見えない狭い牢屋に閉じ込められていた。外の人から見たら「あいつはなんであんな狭いところに引きこもってそこから出てこないんだ？」と思うのかもしれない。

具体的には「私にはあれもできない、これもできない」と決めつけて何にも挑戦することができない状態。私は「お金がないから自由に楽しむことができない」と思い込んで狭い部屋から出ない。そして過去の後悔ばかりしてしまう。何も自由にならない牢屋に罪人として投獄されていた。罪名は「偽善者」で「嘘つき」そして「人を傷つける極悪人」だった。でも、その自分が恥ずかしいと思っている「罪」を掘り下げて書いてみると「あれ？　これって隠す必要がなかった？」といつの間にか私の周りには牢屋がなくなっていて、不自由な生活から解き放たれていく。

「お金がない」とか「時間がない」と、絶望的な人生を生きてきたからよくわかるけど「自由っていいな～！」と自由の空気を満喫できてしまう。いや、本当に息すらも自由に吸えていない感覚があったから、「恥」の部分を書いて、自由になっていくと「息が吸える！」と改めて感動していた。

脳のネットワークで文章を書くと頭の中のダメ出しの嵐が止まった。恥ずかしい自分を掘り下げていくと、自分自身が自由になり、そして、それを読んでくれる人たちも一緒に自由になっていく。そう、大嶋がそこまで掘り下げるのだったら、と読者の方々も「自分の恥ずかしい」をいつの間にか掘り下げられるようになり、「罪人」として裁かれて「狭い牢獄」という罰が与えられる世界から脱して、自由になっていた。これまでミラーニューロンが作っている脳のネットワークは私を苦しめるだけのものと思っていた。けれども、ミラーニューロンはもしかしたら、支配から救ってくれるものかもしれない、という希望が湧いてきた。

心の中に光を当てると脳が変わる

心に言われて「脳のネットワークを使って書く」ことをやって、恥に沿って自分を掘り下げていったら「偽善者で人を傷つける極悪人」という誰にも知られてはいけない姿が出てきたが、それも書いてしまえば私のものではなかった、とその罪から自由になって息が吸えるようになった。

それを読んだ一人の女性に「先生、私はあなたのことをずっと責めて傷つけてきました。先生にだったら何を言ってもいい、と甘えていて、自分が先生を苦しめ傷つけている自覚がなかった」と涙ながらに言われ、私まで泣けてきた。この女性は「自閉症スペクトラム障害」の診断がついていて、コミュニケーションや言語に特徴があり「常に人のことを責める」が止められなかった。実家でも親や兄弟のことを毎日責め続けていたので、そこから引き離した。怒ることで炎症物質が発生し、症状が悪化するからである。

仕事につくと「ちゃんと指導しない上司を責める」ことをして「こんな酷い会社はやめてやる！」と辞めてしまう。カウンセリングでも「あんたのせいで私の症状が治らない」と毎回、責められ続けていた。

自閉症スペクトラム障害の場合は、脳に特徴がある。脳は神経シナプスが張り巡らされ、木の枝状に広がっているが、普通の人に比べると「枝が剪定されてなく、ワイルドになっている」という特徴がある。枝が剪定されていないと「音や匂いに敏感」な感覚過敏があって、さまざまな刺激に敏感になる。

さらに物事を複雑に考えすぎてしまうために「人と同じことができない」とか「人に指示をされる

とできなくなる」という特徴がその女性にはあった。神経シナプスが剪定されていないで伸び放題なので「反省」とか「内省」が困難になってしまう。知的能力はものすごく高いが「人のダメなところがどんどん見えちゃう！」となっていて「自分にはダメなところはない」となってしまう。だから、この女性は「人のことを誰も尊敬できない」と言い切ってしまう。

普通の人は、シナプスが適度に刈り込まれているので「自分がダメなところ」もちゃんと振り返ることができるのだが、その女性の場合は、「内省」や「反省」が頭の中で行われているのかもしれないが「人に対する批判」が先立ってしまっていた。毎回、ものすごく辛辣に批判をされるので「大変だな〜」と思っていた。脳の神経シナプスの特徴なので、それを変えることは、理論上はできない。その女性が涙を流しながら内省されたのでびっくりした。それは奇跡に近いことだった。

その時に「もしかして！」ということが浮かんできた。それはキリスト教の仕組みだった。キリスト教では「自分が犯してきた罪を告白して神に救ってもらう」というシステムがある。カトリックの場合は「懺悔室」で罪を懺悔する。プロテスタントの場合は「信仰告白」で牧師さんや他の信者さんの前で罪を告白し、神の許しを求める。さらに他の信者さんの前で「自分はこんな罪を犯して人を傷つけてきました」という「証」ということをする。

私の父親はキリスト教に入る前は、お酒を飲んで暴れることを繰り返していたが「罪の告白」を頻繁にするようになってからは「周囲から尊敬される人」に変わっていた。普通のカウンセリングで「この人が変わるのは難しいよね！」という人まで変わっていく。そんな奇跡を目撃して「すごいな！」と思っていた。

「罪を告白する」ことが「内省」や「反省」という役割を担い、それが「脳の神経シナプスを適切に刈り込む」ことをしているのでは？　と考えられた。なぜなら、私の書いた文章を読んでミラーニューロンで私の脳の真似をして「自分が認めたくない恥ずかしいことを認める」という内省をした時に、変わらないはずの女性が変わってしまったから。脳の神経シナプスが何らかの形で刈り込まれなければ「内省」などは不可能なはずなのに、それができるようになり、女性のコミュニケーションが自閉症スペクトラム障害から外れていく。話が通じ合わないことがなくなり、仕事も自然とできるようになった。「これって奇跡？」と思いたくなるけど、ミラーニューロンで「内省」を真似ていつの間にか、女性のワイルドだった脳の神経シナプスが刈り込まれて普通の脳へと近づいていったのだと思った。そう考えると「あー！　私の脳もワイルドだったんだ〜！」と気がついた。

そうだとすると「牢獄に閉じ込められていた」という状態は、刈り込まれていない神経シナプスが複雑に絡み合っていたから、常に物事を難しく考えすぎてしまい、何事にも希望を見出せなかったのではないかと思った。ミラーニューロンの脳のネットワークのことを広めて、読者と一緒に自由になりたい、と思って文章を書いていたら、おもしろい仕組みにたどり着いた。これも心が「脳のネットワークを使って書け」という理由だったんだな、とその奥深さを知ることになった。

「心に聞く」の仕組みを解明する

子供の頃から「どうやって時計は動いているのだろう？」と疑問に思って、ドライバーでネジを外してバラバラにして「中身はこんな風になっているんだ！」と、仕組みを解明するのが好きだった。車に乗っても「この車はどうやって動いているのだろう？」とよく考えていた。「心に聞く」の仕組みにも興味津々だった。

もともと「心に聞く」は、催眠のお師匠さんから教えられた「観念運動応答法」という催眠療法の一つの手法である。けれども「催眠の手順が面倒くさい！」となったことから、「心よ！」と直接聞いてしまうことをやってみた。すると、すごい答えが出てくることに気づいた。

正直な話、私自身にはすごいことは一度も起きなかった。お師匠さんに催眠療法を受けている時から「催眠って何がすごいんだろう？」と思っていた。一度もすごい体験はしたことがなかった。けれども、後になって「あれ？　何で私はこんな変わったんだろう？」となる。

私が「心よ！」と問いかけてブログを書いてみよう、と思って「心よ！　今日はどんなブログの内容を書けばいいの？」と質問をする。すると「シーン」と何も聞こえてこない。頭に浮かんでくるのは「こんな怪しいことをやって頭がおかしいんじゃないか？」とか「凡人の私にはこんなことは向いていない」そして「こんなことは心理学とは関係ない」などのダメ出し。

催眠療法的に解釈すれば「催眠状態に入っていない意識状態だから、意識が働いている」となる。でも「意識って何？」と疑問になる。意識って「親とか先生から教え込まれてきたこと！」になるわけ？　私の場合は、買い物に行ってシャツを買おうとすると「何でそんな高いものを買うの！　気持ち悪い！」というダメ出しが頭に浮かぶ。これって〝自分のダメ出し〟と思っているけど改めて考えてみると「あ！　母親から言われてきたことだ！」とわかる。

「安いものしか買ってはダメ」とか「贅沢をしてはダメ」と言われ続けていた、というのもあるけど「意識」って母親や父親のローカルネットワークにミラーニューロンでつながってしまうこと、と考えてみるとおもしろい。

職場で考えている時も「上司だったらこんな風にダメ出しをするんだろうな」とビクビクしながら仕事をしているが、それって、上司や同僚たちとのローカルネットワークにつながっている、ということではないか。

ミラーニューロンでローカルネットワークにつながっていると「否定」や「批判」などが浮かんできて「私は心に聞けない」となる。それはそうだ。それは「心に聞く」じゃなくて「お母さんに聞く」になっている。

まともな心理学者だったら、自分が記憶している母親が言いそうなことに支配されている、と説明するかもしれない。でも、実際はミラーニューロンで脳のネットワークを使って母親と脳がつながってしまって「そんなくだらないことをやって！」とか「あんたになんかできるわけがない！」というダメ出しがネットワークを通じて流れてくるのだ。

私たちは、意識上で「親なんて嫌い」と思っているけど、それは常にミラーニューロンで親に繋がって、ダメ出しを受けて思考が支配されているから。休みの日にソファーでだらだらしていると「何もしないでだらだらして」と母親に言われたことが思い出されて「何かしなきゃ」と焦ってしまう。「母親からダメ出しをされたことを思い出している！」と思っているが、そうではなくて、脳のネットワークで実際の母親とつながっている、と考えてみるとおもしろい。

ミラーニューロンは時空を越えるから、親が年老いても、この世に存在していなくても関係ない。だから、心に聞く時に「心よ！　私と心の間に邪魔はありますか？」と質問をする。私の場合「母親」という言葉が浮かんでくる。そうしたら「心よ！　母親からの邪魔を排除してください！」とお願いする。これは「母親のローカルネットワークを遮断して！」というコマンドをコンピューターに入力しているのと同じ。

「心よ！　私と心の間に邪魔がありますか？」と聞くと私の場合は、何度も「母親」が出てくるので、その度に母親からの邪魔を排除する。私にとって母親は「宗教的にも優れていて、ものすごく賢い人」というイメージが子供の頃からあった。

それと同時に、母親がいつも辛そうな顔をしていて寝込んでいるのを見ていたから「母親を悲しませることをしちゃいけない」と常に母親の視線を気にしていた。そうすればするほど、母親の脳とつながってダメ出しが私の中に響いてくる。

「ほら！　また勉強をやっていない！」とか「ほら部屋が汚い」などが常に浮かんでくるので、それで疲れてしまって何もできなくなっていた。だから、心に「私と心の間の邪魔」を聞いた時に「母親」が何度も出てくるのは納得できた。そして「心よ！　今私と心の間に邪魔はない？」と聞いて「シーン」となった時に「心よ！　誰も邪魔していないの？」と確認をする。それで「母親」が出てきたら「またかよ！」と思いながら、心に排除をしてもらう。

自分で排除をするのではなくて「心にお願いする」というのは、まさにコンピューターにコマンドを打ち込んでローカルネットワークから脱出するため。排除できた時に「心よ！　今日はブログで何を書くの？」と問いかけてみると「楽しいこと！」と答えが帰ってきて、私はがっかりする。

「楽しいことって何だよ！」そのあまりにもシンプルすぎる答えにムカついてしまうが、そこであきらめないで「心よ！　楽しいことって何よ！」と再び質問をすると「楽しいことは楽しいこと！」という。そこでおもしろかったのは、過去の楽しかった体験が思い出されたことだった。その楽しかった記憶を書いていくとブログは私が予測していなかったおもしろい展開になっていく。

これってやっぱり催眠療法なんだよな、と思う。ローカルネットワークにつながって、自分や他人に対してダメ出しをしているのが意識。「こんなの、できっこない！」とか「やったって無意味だ」と意識は常識的な判断をしてくれる。「心よ！」というコマンドを使って「心と私の間の邪魔を排除する」という工程が催眠状態に入れていくプロセスとなる。そして「心と私の間に邪魔はない」となった時に、催眠状態になっている。

　脳の研究は進んでいるが、催眠状態の脳について、はっきりとしたことはわかっていない。でも、催眠状態は「ボーッとしている状態」になるから、ぼんやりした時に脳が活動するデフォルト・モード・ネットワーク（内側前頭前野、後帯状皮質、楔前部そして下頭頂小葉からなる脳回路で意識をしていない時に働く）だろう。

　このデフォルト・モード・ネットワークは「閃いた！」という時に働いている回路。意識をしていない時でもデフォルト・モード・ネットワークは常に働いていて、脳のアドリング状態、と呼ばれているもの。デフォルト・モード・ネットワークが働いて「閃いた！」となるのは、脳のネットワークがローカルネットワークからグローバルネットワークにスイッチしたから、と考えてみるとおもしろい。

一冊の本が書き終わったとき

以前、丸々1冊「催眠スクリプト」で本を書きたいと思ったことがある。「催眠スクリプト」とは、お師匠さんから教わった催眠療法で「読んでいるのを聞いていると催眠状態に入ってしまう」という方法である。催眠スクリプトは、いくつかの物語となっていて、催眠独特の「混乱させる」言い回しで、意識が働かなくなり、いつの間にか無意識状態に入り、無意識が働いて「あれ？　いつの間に自分が変わってしまった！」という変化が起きる。

私は、お師匠さんのスクリプトで「あれ？　いつの間にか意識を失ってしまった。お話の内容を全く覚えていない」という状態になった。そして、何日か後に「あれ？　私の何かが変わっている！」となった。自分で変わる努力をしていないのに、片付けが好きになっていたというような、おかしな現象を体験した。子供の頃からずっと努力しても「ちっとも変わらない」の繰り返しだったのが催眠のスクリプトを読んでもらっただけでこんなに簡単に変わるなんて、と感動した。

そんな変わることができなかった私の子供の頃からの物語を催眠のスクリプトのみで「読むだけで無意識が働いて変わる本を書きたい」というのが私の願いだった。原稿を書いていたら、編集者の方から「大嶋さん、これじゃあ、読者は理解できませんよ！」とダメ出しをされて涙目になった。「催眠スクリプトを使って書きたいんだけど」と編集者の方に言うと「いや、小学校５年生の子が理解できる文章を書いてください」と言われてしまった。

それからしばらくして、自分が好きなように書こう！　と思ったらすらすら書き続けることができた。構成も含め自分自身で一冊を完成させるなんて、ありえないこと。書き初めは「あんたはすべて中途半端で何も完成させられない」とか「すぐに途中で投げ出す」というダメ出しが自分の中から響いてきたけど「心よ！　邪魔を排除してください！」とお願いすると、ダメ出しが消えて、催眠状態で書き続けることができた。

「こんなことを知られたら恥ずかしい」という話をさらけ出すことを指標に書いていくと、脳がシンプルになっていき、書くことで自分が変わっていく感じがした。それに加えて、ブログを通じて読者とネットワークで繋がって、みんなの知恵をお借りしながら書いている、という感覚があった。

私の中には何もない。脳のネットワークで読者と繋がった時に、目の前におもしろい展開が広がっていく。こうして書き終えた原稿は私にとって大切なものとなった。

これを出版社に送ったら本にしてくれるかな？　と尊敬する出版社に送ってみたが、結果はすべてダメだった。「うちではこのような原稿は本にできません」とか「残念ですが、当社ではこのような原稿は扱っておりません」という返信もあったが、ほとんどが無視だった。どれも「あー、原稿はちゃんと読んでいただけなかったんだ」ということが伝わってくる。まあ、そうだよな〜、と悲しくなった。

拒否されるのは慣れているが、脳のネットワークを使って、みんなと一緒に書き上げた一冊だったから、とても悲しかった。

この本を手始めに学校でお世話になった教授たちに、自分なりに「支配」の仕組みを検証した成果として、お礼として送りたい、と思っていたから「出版できない」という段階で夢が打ち砕かれた気持ちにもなった。

知り合いの紹介である有名な出版社の編集長に会いに行くと、構成のことでダメ出しをされ、それっきり連絡がとれなくなった。ある出版社の営業の人には「３０００万円お出しいただければ立派な本にします」と言われた。もちろんそんなお金はない。あったとしても、それでは次が続かない。

そんな時に受付から「あの、出版社の方から連絡がありましたけどどうします？」と聞かれた。出版社の名前を聞いたら自費出版の会社だったので「まあ、そりゃ興味を持ってくれるよね」と思った。催眠のお師匠さんにも「大嶋さんは、まだ出版の実績がないから、最初は自費出版になると思います。だからお金を一緒に貯めていきましょう」と言われていた。

受付に「とりあえず、出版社の方にお会いしに行くから」と言って、直接、出版社へと出向いていくことにした。普段はカウンセリングルームで引きこもり状態なので、昼間に外に出ることはめったにない。

「おー！　外の世界はこんな風になっているんだ！」と見知らぬ世界をキョロキョロしながら歩き回って、出版社にたどり着いたら「あれ？　これってシェアオフィスじゃん！」と私の中での「立派な出版社」の幻想がガラガラとくずれていった。

あれ？　これってデジャビュ？　となった。催眠療法を習いに行こう！　と思って、催眠のお師匠さんのところに行ったら「ただの汚い古臭いマンションの一室じゃん！」と私の中の幻想がガラガラとぶち壊されたのが思い出された。

現れた社長という方は、ボーッとされた中年男性で「あ、原稿読みました、素晴らしい原稿ですね～」と優しい笑顔で声をかけられた。散々ダメ出しをされ拒否され続けてきたので「営業トークでしょ」と思って聞き流していたが、社長が原稿をとり出した時に、その疑いが一気に消えてしまった。

なんと、私が送った原稿にはものすごい数の付箋が貼ってあって、そして、何度も読み返した後でボロボロになっていた。「うわ、本当に読んでくださったんだ！」と涙が出そうになった。社長と話が終わって、帰る道すがら私の目から熱いものが溢れてきて止まらない。しばらく顔を上げて歩き出すことができなかった。

編集しなくて大丈夫なの？

出版社の社長は、ボーッとした方でどこか催眠のお師匠さんに似ている雰囲気があった。催眠のお師匠さんは出版社で働いた経験があり「出版社にいた頃は、腕をガムテープで固定して、そこに顔を乗せて寝ていたんです」と言っていた。編集者って大変だと思っていた。

社長は「私が編集を担当します」と言ったので、私は「ガンガン編集しちゃってください」とお願いしてきた。

そして、送られてきた編集原稿を読み出して「あれ？　これって編集しているの？」とちょっとびっくりした。私が書いたそのままの文章がそこにあって「社長〜！　これって編集していないでしょ！」と連絡を入れたら「いや、大嶋さんの原稿はそのままがいいんです」と言う。「いや、それってまずいから〜〜〜！」とお伝えしたが「いや、そのままの方がいいと思います」と結局、ほとんど編集はせずに、出版することになった。

「うわ！　こんなので世に出して大丈夫なの？」と思ったけど、私の中で複雑な気持ちがあった。催眠のスクリプトはあまり編集をされてしまうと催眠にならなくなるからだ。実際に、あの社長は、私があの原稿を読んだ回数よりもかなり原稿を読み込んでくださっていたので「え〜い！　これで出しちゃいましょう！」とお願いしたところ、たくさんの方が購入してくれた。そして、初めて出した本にもかかわらず、社長は「この本は共同出版にしましょう！」と申し出てくださった。

　私は、それまでの人生で「そのままでいい」なんて素敵な言葉をかけられたことがなかった。常にダメ出しをされて、自分でもダメ出しをし続け、地面を這いつくばりながら生きてきた。「そのままでいいですよ」と言ってくれたのは、催眠のお師匠さんぐらい。そのお師匠さんと同じ雰囲気の、出版社の社長さんが「大嶋さんが書いたままの文章がいい」と言って出版してくれた。

　これは、私もカウンセリングの時にクライアントさんに思っていることと同じだと思った。私は「どんな生き方であっても、その方が生き抜いてきた生き方はものすごく美しい！」と感じる。だから、私は「そのままでいい」と伝えるが、その「そのままでいい」の意図が伝わらない。この社長と出会って、編集がほぼなされていない本を手にとってみて「そのままでいい」が伝わらない理由がわかった気がした。

　私がクライアントさんのお話を聞いて「美しい」と感じるのは、悩み苦しみながらここまで生き抜いてきたから。そう、私の書き上げた本と一緒で編集したり、構成を変えたりする必要がない。その人のそのままの人生の美しさが生き様から滲み出ている。どんなに周りの人から拒否されて、ダメ出しをされてきたとしても、ここまで生き抜いてきたその力。そこに美しさを感じる。

　私は、自分が書いた本は、出版社から拒否されるのは当たり前、と心のどこかで思っていた。文章がめちゃくちゃだし、意味がわからないところがたくさんあるから。自分自身でも「ダメな文章だな」とダメ出しをしたくなるところがたくさんあったが、あの出版社の社長は、カウンセリングをしている時の私と同じように「そのままが美しい」と、一冊の美しい本にしてくれた。

催眠のお師匠さんの「薔薇の詩人」のスクリプト。橋のたもとに毎日座り続けている老婆に、薔薇の詩人が、ある日、一輪の薔薇を差し出す。その老婆は、薔薇の詩人から、一輪の薔薇をどんな気持ちで受けとったのだろう？　次の日に、老婆は橋のたもとからはいなくなっていた。一輪の薔薇は、その人の壮絶な人生に対するリスペクトなのかもしれない。薔薇の詩人は、老婆の壮絶な人生を感じとって、そこに美しさを感じて、薔薇を老婆に渡さずにはいられなかった。その老婆がどんなに汚い格好をしていようが、異臭を放とうが、その壮絶な人生からは美しさが感じられる。この薔薇の詩人の催眠スクリプトをお師匠さんから聞かされた時に、一輪の薔薇の花を胸に受けとった気がした。

そして暗い、臭い橋のたもとから立ち上がることができた気がしていた。いや、もしかしたらもっと前に、あの大学で出会った教授たちも私に薔薇の花を渡してくれていたのかもしれない、と気がついてしまった。そう、私の人生には、数々の薔薇の詩人が存在していて、橋のたもとにいじけて座っている私に一輪の薔薇を差し出してくれていた。私は、その薔薇を「誰からも受けとっていない」と思っていたけど、ふっと振り返ってみると、私の胸には数えきれない一本一本の薔薇があり、それがいつの間にか大きな花束となって、私の目の前で美しい香りを漂わせていた。

その香りを頼りに、私はいつの間にか、さらに新たなる薔薇の詩人と出会い、薔薇を差し出されては、立ち上がり、一つの道へと歩き出す。これまでいただいた花束のお礼を返したくて、私は一冊の本を仕上げることができたと思っていたが、ここでも私は一輪の薔薇を差し出されて、惨めでボロボロだった自分はその場から立ち去る決心をする。いや、決心なんてしていなくて、薔薇の美しい香りがする方向へとただ歩みを進めたくなっただけ。惨めでボロボロになった私に、薔薇の詩人は姿を変えて、一輪の薔薇をたむけてくださる。その薔薇の意味が、今更ながら私の心の奥底に染みてきたような気がしていた。

墓跡にたむけられた薔薇の花束

私は「私に薔薇の花を差し出してくれた教授にお礼がしたい」という思いで本を書き始めた。ミラーニューロンを使った脳のネットワークで支配者からの支配があるという構図に、クライアントを通して導かれたのが嬉しくて「教授たちのおかげです！」と感謝の贈り物がしたかった。そして、なぜか、書き進めていたら、次から次へと薔薇の詩人と出会うことになった。

出版社の社長に「大嶋さん、第二弾、いきましょう！」と勧められ、念願の「支配についての本」を書き始めることができた。書く時に出版社の社長に「ブログを原稿がわりにして書くけど大丈夫ですか？」と確認するけど「え？　なんの問題があるの？」という反応が返ってくるので安心して書くことができた。初めに私の心が教えてくれた「脳のネットワークを使って書け」をこの本では守りたかった。私は「この本を書いたらもう後は何もいらない！」と思っていた。

催眠のお師匠さんとは「日本を元気にする本を書く」と約束していたけど、もしかしたら、脳のネットワークを使った支配の仕組みがわかれば、日本は元気になるんじゃないかと。「もうこれで十分」と思ったのは、支配について書くのがものすごく大変だったから。

書いている途中で脳のネットワークを通じてダメ出しがいっぱい飛んできて苦しんでいた。心理学、宗教の観点から言っても「異端」と呼ばれてしまう恐怖があった。でも、それって当たり前じゃないか！　と途中で気がついた。なぜなら、この世の中のシステムは支配者が作っているから。人を罪人と裁いて罰を与えて自由を奪って支配するのが支配者のお仕事。「正しい or 間違っている」で常に裁かれて罪人にされて、脳内でダメ出しの罰を受けたり、実際に悪口をたくさん書かれたり、という感じで心や脳を傷つけられて自由を奪われる。支配者はそれで世の中の秩序を保っている。この世の秩序を保っているのは支配者だから、本来は支配者に感謝しつつ、支配されて生きるのがこの世の生き方になる。

私は支配者に逆らって生きてきたのではない。むしろその逆で、ずっと支配者に従って生きてきた。支配者が絶対的に正しい、と信じて疑ったことはなかったし、支配者の教え通りに生きられない私は人間として失格で罪人であると思って、毎朝、毎晩、自分の罪深さを懺悔していた。能力も才能もなく、忍耐も根性の欠けらもない。嘘つきで間違ったことばかり言っていて、恥ずかしい愚かな存在だから、光が当たるところなんて歩いてはいけない、とずっと思っていた。

そんな私に、薔薇の詩人が現れて一輪の薔薇を渡してくれた。私は、その薔薇を受けとって、立ち上がり、その惨めな、人から忌み嫌われるような臭い場所から立ち去る。そして、気がついたら、私の胸にはたくさんの薔薇の花束があった。一輪、一輪、渡されて立ち上がるたびに、私の中の薔薇はいつの間にか増えていき、美しい香りを放つ。それが一冊の本になり、そして「支配の仕組み」を書いた原稿も完成することができた。

この本を私に薔薇の花を手向けてくださった教授にお礼として渡したかった。そんな時に、英訳をしてくれる方が私の前に現れ一輪の薔薇を渡してくれた。その英訳原稿を電子書籍としてネット上にあげた時に、私は、教授たちにこれまで私が受けとった一本一本の薔薇の花が花束になったものを贈り物として贈ることができた。もしかしたら、直接教授たちに送ればよかったのかもしれない。でも、私が出会った教授たちはミラーニューロンでいつもあのままの姿で私と繋がっている。もう、すでに墓石が建っていようが、お年を召していようが、脳のネットワークの中ではそんなことは関係ない。

時空を超えて、教授たちが共に歩んできた軌跡を読んでくださって「大嶋さんは、本当におもしろいですね～」という声が響いてくる。それとともにあの美しい薔薇の香りが漂う。私には「おもしろいですね～」の言葉で十分に通じる。なぜなら、いつもあの薔薇の花を一輪いただいた時からずっと脳のネットワークで繋がり続けているから。だから、私の仕事はこれで終わった、と思っていた。

すると、一輪、また一輪と薔薇の花が私に届けられてくる。「私はこれで終わった」と疲れ果てて、橋のたもとに惨めに崩れ落ちている私に、薔薇の詩人がわざわざ降りてきて、一輪の薔薇を差し出してくれる。「いや、私にはそんな素敵な薔薇を受けとる価値はありません！」と断りたかった。でも、目の前に差し出された薔薇の意味を知っているから、無言でそれを受けとって、その薔薇の香りに誘われて惨めな橋のたもとから立ち上がって歩き始める。

その薔薇の詩人は誰？

そう、その薔薇の詩人は、本を読んでくれて、その中に束ねてあった薔薇を受けとってくれた方。そんな方が、一人、また一人、という感じで、いつの間にか薔薇の詩人となってボロボロになった私の心に素敵な一輪の薔薇を差し出してくれる。私は、そんな薔薇の詩人から一輪の薔薇を受けとって、その香りが誘う方向へと再び歩き出す。

あとがき

　青山ライフ出版の社長から「大嶋さん、次の本は大嶋さんの自叙伝的なものを一冊お願いします」といわれて「え〜！　自叙伝ってまだ年齢的に早いでしょ！」と思ってしまった。自叙伝を書いてしまったら、私の人生の何かが止まってしまう、そんな迷信じみたことを感じてしまったのであまり気乗りがしませんでした。でも、高橋社長から頼まれたら「いや」とは言えない。この本の中にも出てくる「一宿一飯の恩義」が大好きなので「お世話になった方に頼まれたのだから、やりましょう！」と書く決断をしちゃいます。

　この本の中にも出てくる「心」というのがありますが「心よ！　どうやって書くの？」と私は心に聞くわけです。この「心にきく」は、催眠のお師匠さんの元で習った方法で、多分、参加メンバーの中で私が一番下手だったかもしれない。そして、今でも「心よ！」と聞くけど「シーン」と頭の中は静かなまま。「心は何も答えてくれないじゃない！」と普通の人だったら諦めちゃう状態が私の頭の中で起こることがあります。

「心よ！　どんなふうに書けばいいの？」と聞いても「シーン」、次の瞬間に私の中から「あ！　お師匠さんの催眠のスクリプトとして書けばいいんだ！」というアイディアが浮かんでくる。「心よ！　お師匠さんの催眠スクリプトと同じように書けばいいの？」と聞いてみると、さっきまでシーンとしていたのが「そう！　そう！」という感じになる。だったら、心に「どうやって書けばいい？」と聞いたときにちゃんと教えてくれればいいじゃん！　と文句を言う。すると心は相変わらず「シーン」としているが、すぐさま私の頭の中から「宗教のお告げになっちゃダメなんだよな～」という考えが浮かんでくる。「え？　これって私の考え？　それとも心からの答えなの？」と思って心に確認をすると「そう！　そう！」と調子のいい返答。

も～勘弁してくださいよ～、というやりとりを私は毎日のように繰り返しています。でも、このやりとりを心と繰り返すことによって「私が書いているのではなくて、皆さんと繋がっている無意識が一冊の本を書いてくれている」という実感があるんです。だって、心に聞きながら書かなければ、私の頭の中は空っぽで「シーン」が続いているんですから一文字も書けない。心とのやり取りで、はじめて催眠スクリプトが展開していきます。

あとがき

一つの場面ごとに催眠が散りばめられていて、それを読んでくださった方が場面をイメージしたときに、催眠状態となり、無意識さんの力が使えるようになっていきます。そして、この一冊の物語が大きな、大きな催眠のスクリプトとなっていて、いつの間にか読んでくださる皆さんの願いを無意識さんが叶えてくれるようになっています。「みなさんの願いって何なんだろう？」と思ったときに、私はなぜか薔薇の花束に囲まれたような感覚になり、薔薇の香りに包まれていきました。私の目の前にはないはずの薔薇の香りがするって不思議な感覚。そして、あの薔薇の詩人の墓標に彫られていた詩が頭の中に響いてくるんです。

「誰の眠りでもない喜びよ！」と。

ミラーニューロンの彼方へ!

支配からの解放

著　者　大嶋 信頼
発行日　2021年10月22日
発行者　高橋 範夫
発行所　青山ライフ出版株式会社（SIBAA BOOKS）
〒108-0014 東京都港区芝5-13-11　401
TEL：03-6683-8252
FAX：03-6683-8270
http://aoyamalife.co.jp
info@aoyamalife.co.jp
発売元　株式会社星雲社（共同出版社・流通責任出版社）
〒112-0005 東京都文京区水道1-3-30
TEL：03-3868-3275
FAX：03-3868-6588
イラスト・装幀　本澤 夕佳
印刷・製本　中央精版印刷株式会社

ISBN978-4-434-29301-6